Thorsten Knobbe
Björn Wechsel

Marktgewinner durch neue Kundenexzellenz

Wie die Digitalisierung zentrale Schnittstellen, an denen Zulieferer
und Kunde zusammenkommen, neu definiert.

Anregungen aus der Befragung von 29 Welt- und Europamarktführen
mit B2B- und B2B2C-Geschäftsmodellen

BUSINESS
INSIGHTS
BY HAUFE

Bibliografische Information der Deutschen Nationalbibliothek
Die Deutsche Nationalbibliothek verzeichnet diese Publikation in der
Deutschen Nationalbibliografie; detaillierte bibliografische Daten sind
im Internet über http://dnb.dnb.de abrufbar

ISBN
Paperback: 978-3-7451-0076-1
Hardcover: 978-3-7451-0077-8
eBook: 978-3-7451-0078-5

© 2017 Thorsten Knobbe, Björn Wechsel

Business Insights by Haufe
Ein Imprint der Haufe-Lexware GmbH & Co. KG, Freiburg

Printed in Germany

Teile der Hauptstudien aus diesem Buch wurden in einem eigenen Artikel im Harvard Business Manager, der deutschen Ausgabe der Harvard
Business Review, veröffentlicht. Die Rechte an diesem Artikel liegen bei
der Harvard University Press bzw. der Manager Magazin Verlags GmbH.

Inhaltsverzeichnis

Der Ausgangspunkt: Ohne definierten Markt kein Gewinner!

Der Weg zu dieser Studie, deren Vorbereitung bereits im Jahr 2014 begann, gestaltete sich äußerst steinig. Zugegeben, unser Ansinnen war verwegen: Mehr Licht ins Dunkel der ebenso erfolgreichen wie verschwiegenen Hidden Champions (also mittelständisch geprägte Welt- und Europamarktführer) zu bringen, und dann auch noch im strategisch essenziell wichtigen Ressort Einkauf.

Die Mühe allerdings schien es uns wert, denn wir halten die Schnittstellen, an denen Kunde und Zulieferer zusammenkommen, für erfolgsentscheidend bei der Entstehung und Entwicklung von Champion-Unternehmen, die signifikant stärker als ihre Wettbewerber sind (später mehr zur Definition dieser Gruppe). Die Schnittstellenkompetenz entscheidet darüber, ob sich ein Unternehmen im erlauchten Kreis der Champions und noch verschwiegeneren, manchmal gar marktbesitzenden Hidden Champions halten oder überhaupt erst in diesen aufsteigen kann!

Wie kommen wir zu dieser Einschätzung?

Über die Markt- und Vertriebsstärke sowie die exorbitant hohe Produktqualität der mittelständischen Hidden Champions ist seit den inzwischen berühmten Untersuchungen von Hermann Simon einiges bekannt. Im Vergleich wenig beleuchtet war die Beschaffungsseite. Dabei hatte auch Hermann Simon bereits erkannt, dass Hidden Champions besonders enge Beziehungen zu ihren Zulieferern pflegen und diese aktiv, bisweilen sogar geradezu autoritär in ihre eigene Produktstrategie einbinden. Die Vermutung liegt nahe, dass man als erfolgreicher Zulieferer einen Hidden Champion unter ähnlich hohen Vorgaben an Produkt- und Prozessqualität beliefern muss, wie der Hidden Champion wiederum seine Kunden.

Anders ausgedrückt: Wer noch kein Champion ist, sollte fortan Champions als Kunden gewinnen und halten, um mittel- bis langfristig selbst einer zu werden. Geschäftsbeziehungen mit Hidden Champions sind nahezu ein Garant für den eigenen Erfolg! Die erwiesene Existenz ganzer Wertschöpfungsketten aus mehreren Champions, übrigens vorwiegend deutscher Provenienz, deutet auch empirisch stark darauf hin.

Der Champion als Marktgewinner

Entscheidend ist dabei, dass zumindest die typischen Hidden Champions im Sinne Hermann Simons ihre Märkte klar definieren. Marktführer – wir sagen plakativer „Marktgewinner", weil der Wettbewerb einem Wettlauf mit immer wieder neu ermittelten Etappengewinnern (z.b. Jahresbilanzen, Marktstudien von dritter Seite, etc.) gleicht – müssen nicht zwingend einen allumfassenden Weltmarkt beherrschen. Sie müssen jedoch sehr wohl klar eingrenzbare Segmente dominieren, die ihrerseits groß genug sind, um als Markt zu gelten. Die Markgewinner müssen auf dem Heimatkontinent in festgelegten Kriterien an erster Stelle, auf dem Weltmarkt unter den Top-3 stehen – klassisch nach Umsatz, jedoch gibt es Ausnahmen und weitere Kategorien.

So ist beispielsweise der Weltmarkt an Abnehmern von Steckverbindern mit seinem Jahresvolumen von etlichen Milliarden Euro durchaus groß. Jedoch ist die Anwendungs- und Technologiebreite erheblich, manche Teilsegmente stehen kaum miteinander in Berührung. Daher betrachten die Steckverbinder-Champions bestimmte Anwendungsgebiete und Kundengruppen als eigene Märkte, in denen sie jeweils eine führende Position einnehmen. Der aktuelle Marktgewinner hat also streng genommen nicht den Wettlauf um den diffusen Gesamtmarkt gewonnen, sondern um einen klar umrissenen Teilmarkt. Daher gibt es auch gleich mehrere Champions unter den Steckverbinderherstellern, je nach Betrachtungsweise zwischen drei und fünf.

Der Gewinner übrigens muss nicht einmal zwingend den größten Umsatz erreichen. Die Kenngröße der Marge kann, zumindest wenn man Hermann Simons Preisbetrachtungen mit einbezieht, deutlich wichtiger sein. Demnach können in einem definierten Weltmarkt beispielsweise zwei Anbieter als Hidden Champions diesen Markt dominieren. Daher mag ein Unternehmen vielleicht in punkto umsatzseitigem Marktanteil nur an Nummer zwei stehen, jedoch der klare Marktgewinner in punkto Marge pro Produkt und damit langfristig besser aufgestellt sein.

Schließlich sehen sich auch manche Technologieführer als Champions und sind für uns in diesem Sinne durchaus Marktgewinner. Sie konzentrieren sich auf eine spezielle technologische Lösung, die vielleicht keine weite Verbreitung in viele Anwendungsbereiche findet, jedoch für ganz bestimmte Anwendungen oder für Kunden mit sehr bestimmten Ansprüchen an Qualität und Funktionalität auf der ganzen Welt unabdingbar ist.

Definiere und kenne Deinen Markt!

Insoweit vertreten wir in diesem Buch eine relativ weit gefasste Definition des Marktgewinners. Ein Marktgewinner sollte in punkto Marktanteil nach Stückzahl oder Umsatz, in punkto Marge oder in punkto Technologie in seinem definierten Markt unter mindestens drei Wettbewerbern führend sein. Ob er bei der breiten Öffentlichkeit einen relativ geringen oder hohen Bekanntheitsgrad genießt, ist für uns eher sekundär.

Viel wichtiger ist uns, dass Inhaber und Führungskräfte, die mit ihren Unternehmen durch die Bedienung von Champion-Unternehmen, also auch Marktgewinnern in unserem Sinne, selbst zum Markgewinner werden wollen, ihren Markt klar definieren. Im Extremfall kann ihr Markt nur aus wenigen A-Kunden bestehen. Dieser Fokus wäre natürlich riskant, aber womöglich in der Etablierungsphase der Schlüssel zum Erfolg. Da gerade mittelständische Champion-Kunden relativ stabil sind und sich langfristig orientieren, kann man auf ebenso langfristige Geschäftsbeziehungen hoffen, wenn man die Regeln einhält. Dazu mehr in den folgenden Kapiteln.

Gern hätten wir unsere Betrachtungen mit den Führungskräften der von uns analysierten Unternehmen eingehend diskutiert. Doch leider war es schon kaum möglich, überhaupt eine kritische Anzahl an teilnehmenden Firmen zu finden. Unter den teilnehmenden Firmen herrschte auch nicht unbedingt Offenheit. Teils beantworteten Führungskräfte unseren Bogen sogar ohne Wissen des Topmanagements. An weiterführende Gespräche in belastbarer Zahl ist unter solchen Bedingungen nicht zu denken.

Die von uns kontaktierten Unternehmen machten also dem notorischen Ruf der Hidden Champions alle Ehre. So wurde auf unsere Anfragen zur Teilnahme an der vorliegenden Studie in den seltensten Fällen auch nur reagiert, geschweige denn ein positives Signal gesendet. Viele Champions sind weiterhin äußerst verschlossen. Sie möchten nicht im Rampenlicht stehen und geben höchst ungern Auskunft über ihre Abläufe oder auch nur ihre grundsätzliche Haltung gegenüber Geschäftsmodellen. Selbst wenn einige Unternehmen oder ihre Marken durch entsprechende Publikationen inzwischen doch einen gewissen Bekanntheitsgrad genießen, scheinen deren Protagonisten davon eher unbeeindruckt und sehen auch keine daraus entspringende weitere Verpflichtung zur Öffnung. Sie erweisen sich jenseits ihrer direkten und nachgewiesen intensiven Kunden- und Lieferantenbeziehungen als nicht kooperativ. Sie sind und bleiben in diesem Sinne *Hidden* Champions.

Unser großer Dank an alle Studienteilnehmer

Umso mehr sind wir den Unternehmen und ihren Fach- und Führungskräften, die diese Untersuchung unterstützt haben, zu außerordentlichem Dank verpflichtet. Ihre Beiträge sind von größtem Wert, weil sie einen einmaligen Blick hinter die Kulissen und damit belastbare Ansätze zur weiteren Verbesserung vieler Vertriebs-, Projekt- und Serviceorganisationen ermöglichen. Auch Beschaffungsorganisationen erhalten mit dieser Studie zumindest Anhaltspunkte und Kategorien, um sich mit ihren Standeskollegen zu vergleichen. Schließlich ist mit den Erkenntnissen die anhaltende Wucht der Digitalisierung besser zu kanalisieren, ja sie kann und sollte nun noch stärker zum eigenen Vorteil genutzt werden.

Zeitenwende: die Digitalisierung hat begonnen

Stand das Thema Digitalisierung während der Konzeptionsphase unserer Untersuchung noch nicht im Fokus, erkannten wir mit fortschreitender Planung dessen Relevanz. Nahezu zeitgleich mit unseren Aktivitäten kam die Digitalisierung nämlich in Fahrt, und diese Entwicklung drohte uns fast zu überholen. Daher haben wir unsere Befunde in den Kontext einer weiter fortschreitenden Digitalisierung gesetzt und versucht, daraus die Zukunftsfähigkeit der ermittelten Erfolgskonzepte abzuleiten. Tatsächlich sind nicht alle Hidden Champions gleich gut gerüstet, und so gibt es selbst für Welt- und Europamarktführer in naher Zukunft an der digitalen Front noch einiges zu tun.

Beispiele können wir allerdings nur auf inhaltlicher Ebene konkret beschreiben, denn wir mussten den teilnehmenden Firmen und ihren Akteuren die absolute Anonymität versprechen (und tun dies gern). Namen werden also nicht genannt. Gleichwohl finden Sie am Ende unseres Buchs eine Kurzbeschreibung der befragten Unternehmen, um Ihnen eine Idee von den Branchen und Größenordnungen zu geben, jedoch keine weiter ausdetaillierten Kennzahlen oder eben Namensnennungen. Allerdings genügt die Kurzvorstellung zum Verständnis unserer Untersuchung völlig.

Noch einmal also ein herzliches Dankeschön an alle Teilnehmer!

Executive Summary

Champions und insbesondere Hidden Champions haben ihren Ruf bestätigt, äußerst anspruchsvolle Geschäftspartner zu sein. *Und: Champions setzen Trends. Wer Champions dauerhaft beliefert oder aber die typischen Erfolgsprinzipien anwendet, hat Marktgewinner-Potenzial und wird im Idealfall selbst zum Champion.* Hierbei ist über eine wirkungsvolle Vertriebstruppe hinaus unternehmensweites agiles Denken und Handeln zur optimalen, zukunftssicheren Positionierung und schlussendlichen Erfolgsmaximierung des Kunden gefragt. Der Megatrend Industrie 4.0/Internet-of-Things (IoT) verstärkt das Gebot für Zulieferer, mit ganzheitlichen Vertriebskonzepten aufzuwarten.

Sind heute neben der höchsten Produktqualität und der kundenspezifischen Funktionalität vor allem Zuverlässigkeit, Schnelligkeit, Flexibilität und explizit die Kompetenz der zuliefererseitigen Ansprechpartner die erfolgsentscheidenden Parameter, so wird sich zukünftig das Innovationsmarketing dazu gesellen. Denn Einkäufer agieren oft nach Vorgabe und sind nur begrenzt offen für neue Einflüsse. Champions fordern absolut kundenorientiertes Mitdenken und Agieren, was Absatzchancen eröffnet, aber die Eigendynamik des Zulieferers bremsen kann. Daher wird dessen Rolle als vorausdenkender Lösungsanbieter schwieriger und doch wichtiger. Essenziell bleibt dabei ein überzeugendes Preis-Leistungs-Verhältnis.

Die in Champion-Kreisen unabdingbare Hochqualität wird somit als Bündel von Gegebenheiten und Maßnahmen gesehen, welches weit über die bloße Produktqualität hinausgeht.

Die daher zu modifizierenden Vermarktungsansätze werden den gesamten Prozess der Kundenbedienung beeinflussen und in Teilen ändern. *Bemerkenswert: Der Faktor Mensch bleibt trotz oder gerade wegen der Digitalisierung und Automatisierung überproportional wichtig.* Die Marktgewinner von morgen erkennen das bereits heute und stellen sich darauf ein. *Sie etablieren eine neue pro-aktive Form der Kundenexzellenz.*

Kundenexzellenz erfordert Kunden*kontakter*

Wirkungsvoller Kundenkontakt findet auf vielen Ebenen statt, und dieses Phänomen ist im Vertrieb an Champions besonders ausgeprägt. Champions mögen dabei eher Macher als Manager. Daher nennen wir alle für den Kundenkontakt relevanten Führungskräfte und Mitarbeiter der Einfachheit halber

„Kundenkontakter"

und etwa nicht Vertriebs- oder Kundenbeziehungsmanager. Mit dem Begriff Kundenkontakter schließen wir Verkäufer, Vertriebler, Vertriebsingenieure, Marketing-Spezialisten, Service-Spezialisten etc. und sämtliche zugehörige Führungskräfte ein – eben alle zuliefererseitigen Akteure, die in direkter Verbindung mit dem Kunden stehen. Ebenso haben wir mit

„Einkäufer"

eine möglichst klare Beschreibung aller am Beschaffungsprozess mitwirkenden Führungskräfte und Mitarbeiter gewählt. Natürlich entscheidet selten der klassische Einkäufer allein, sondern das ganze Buying Center beeinflusst den Kauf, sofern der Zulieferer seinen Vertriebsprozess geschickt steuert und neben dem Einkauf auch andere Abteilungen anspricht. Die Anforderungen der Champions sind in jedem Fall vielfältig und betreffen über die Produkte hinaus sowohl die Beschaffenheit der Prozesse als auch die Qualifikation und Verhaltensweisen der Führungskräfte und Mitarbeiter des Zulieferers.

Champions greifen nämlich bei ihren Zulieferern gern und dominant ein, wenn es geboten scheint. Dies erfolgt zumeist jedoch nicht, um den Zulieferer einzuengen, sondern um ihn zu entwickeln. Wer sich dem Diktat der Champions beugt, entwickelt seine eigene Leistungsfähigkeit und hat durchaus die Chance, selbst in den Kreis der Champions aufzusteigen. Andernfalls droht der Verlust dieses Kunden, denn Champions sind auch in ihrem Beschaffungswesen dynamisch. Viele von ihnen suchen trotz ihrer bekanntermaßen stabilen Geschäftsbeziehungen beständig nach neuen Zulieferern.

Initiative und Innovativität seitens der Zulieferer sind gleichwohl erwünscht, jedoch vornehmlich im vom Champion vorgegebenen Rahmen. Zulieferer mit eigens entwickelten, revolutionären Ideen oder gar völlig neuen – ‚disruptiven' – Lösungen haben es tendenziell schwer. Champions bevorzugen eher die Optimierung des Bewährten.

Es ist jedoch unwahrscheinlich, dass Unternehmen, selbst wenn sie auf ihrem Gebiet Technologieführer sind, alle für sie oder ihr Marktsegment relevanten neuen Lösungen mit eigenen Ressourcen rechtzeitig erkennen und einschätzen können. Sie werden auf den Einfluss dynamischer spezialisierter Zulieferer angewiesen sein. Und sie im Zuge kommender Megatrends von komplett neuen Ansätzen, von potenziell disruptiven Neuerungen zu überzeugen, das ist wahrscheinlich die größte zukünftige Herausforderung der Marktgewinner.

Leitsatz:

Die Marktgewinner von heute bedienen die Kundenwünsche optimal. Die Marktgewinner von morgen schaffen es, Kunden von notwendigen gänzlich neuen Lösungen zu überzeugen. Sie steigern dafür ausdauernd und hartnäckig ihre eigene Agilität und, im Zuge der Geschäftsbeziehung, auch die ihrer Kunden.

Die Fakten im Überblick

Folgende Erkenntnisse bestätigen unsere Erwartungen:

- **Enorme Anspruchshaltung an Qualität und Einsatzfreude:**
  Champions sind nach wie vor anspruchsvollste Kunden, die ihren Zulieferern alles abverlangen in punkto Qualität und kundenorientiertem Engagement.

- **Der Mensch bleibt sehr wichtig: multiqualifizierte, kundenorientierte Ansprechpartner gewünscht:**
  Champions schätzen multidimensional qualifizierte Ansprechpartner. Sie bevorzugen Akteure, die ihr Fachgebiet beherrschen, und zwar wiederum mit Bezug auf Produkt und Prozess. Allerdings bezieht sich das Produktwissen hier auf die Produkte des Zulieferers, nicht zwingend auf die des Champions. Alle zuliefererseitigen Ansprechpartner müssen ihre Kompetenz zudem flexibel und kundenorientiert einbringen, sie müssen aktiv mitdenken.

- **Schnelligkeit ist Schlüsselqualifikation:**

  Champions schätzen Schnelligkeit sowohl bezüglich der Produktverfügbarkeit als auch auf der persönlichen Ebene (Reaktion auf Wünsche, Probleme oder Reklamationen). Überraschend ist allerdings die Wichtigkeit, die dem Faktor Schnelligkeit und besonders *Reaktions*schnelligkeit der Mitarbeiter beigemessen wird. Wer dauerhaft langsam reagiert oder liefert, riskiert offenbar die Auslistung trotz exzellenter Produkte. Champions wählen dann eher die zweitbeste, aber verfügbare Lösung. Garantierte Schnelligkeit könnte für Zulieferer neben der Produktqualität, kundenspezifischen Funktionalität und Zuverlässigkeit *das* stechende Argument für höhere Preise darstellen.

- **Entwicklung der Zulieferer: vertikale Champion-Ketten:**

  Champions entwickeln und erzeugen Champions im Kreis ihrer Zulieferer durch die intensive Zusammenarbeit. Manchmal bilden sich regelrechte vertikale Champion-Ketten aus Zulieferern. Konkretes Beispiel: Ein Champion der Verbindungstechnik (Elektrik/Elektronik) liefert an einen Sensortechnik-Champion, der wiederum den Champion-Anlagenbauer beliefert. Die konsequente Kundenorientierung auf Produkt- und Prozessebene aller Beteiligten schafft also langfristig Exzellenz in der kompletten Lieferkette.

- **Produkt- *und* Prozessexzellenz gefordert:**

  Champions erreichen ihre herausragende Stellung nicht nur durch exzellente Produkte und Dienstleistungen. Auch die damit verbundenen Prozesse sollten so effizient und effektiv wie möglich ablaufen. Der Beschaffungsprozess (und somit der Vertriebsprozess des Zulieferers) bildet hier keine Ausnahme, sondern ist im Gegenteil ein Kernbestandteil der Wertschöpfungsexzellenz.

- **Erfolgreiche Zulieferer kennen ihre Champion-Kunden bestens:**

  Natürlich sollte jeder Lieferant die Bedürfnisse und Präferenzen seiner Kunden kennen und jeder Kunde das Vermögen seiner Zulieferer. In der Geschäftsbeziehung Champion-Zulieferer ist das gegenseitige Wissen offenbar besonders tief. Erfolgreiche Zulieferer denken besonders weit reichend, sie kennen nicht nur die Produkte ihres Champion-Kunden, sondern auch seine strategische Ausrichtung und manchmal sogar die seiner Kunden. Sie sind schlagkräftige und im Idealfall vorausdenkende Lösungspartner.

Diese Erkenntnisse überraschen:

- **Trotz Digitaltrend: Nutzung aller Kommunikationskanäle:**
Champions nutzen die volle Bandbreite an traditionellen und digitalen Kommunikationskanälen, wobei der persönliche oder telefonische Kontakt, gerade bei komplexen Abstimmungen, bevorzugt wird (aber aufhalten dürfte das den Trend zur Digitalisierung nicht). Kommunikationskanäle werden nach pragmatischen Gesichtspunkten ausgewählt und genutzt. Die rein digitale Beschaffung, etwa über Online-Auktionen, spielt offensichtlich noch keine große Rolle in der A-Teile-Beschaffung oder auch beim Bezug komplexer Dienstleistungen. Klassische Vertriebler wie auch Mitarbeiter mit Kundenkontakt werden nicht überflüssig – allerdings sind die Ansprüche der Champions an ihre Ansprechpartner sehr hoch, und die Digitalisierung wird ihre Rollen ändern.

- **Spezielle Anforderungen in der Vertriebskommunikation: multikompetente Kommunikatoren gefragt:**
Klassische Verkäufereigenschaften der zuliefererseitigen Mitarbeiter, etwa im Sinne eines gewandten Auftretens, spielen eine untergeordnete Rolle in der Zusammenarbeit mit Champions. Wohl aber ist die Interaktionsfähigkeit im gesamten Prozess und mit Bezug auf das Projektmanagement sehr wichtig. Und hier ist durchaus eine sehr ausgefeilte Kommunikation gefragt. Champions fassen den Begriff Kommunikationsfähigkeit sehr weit, sie meinen damit auch Voraus- und Mitdenken auf Produkt- und Prozessebene, ein aktives Eingreifen, um Lösungen aktiv voranzutreiben. Für sie ist kundenorientiertes Mitarbeiterverhalten ein Hard Skill! Nur sehr agil denkende und handelnde Zulieferer werden diesen Ansprüchen gerecht.

- **Einkäufer fokussieren die eingeforderten Informationen, ungefragt erhaltene Impulse lehnt die große Mehrheit ab:**
Obwohl selbst zumeist hochinnovativ, sind viele Champions von ihrer Denkweise her nur bedingt auf gänzlich neue Trends, die ihr Geschäft betreffen könnten, vorbereitet. Ihr Verständnis von Innovativität ist nicht selten geprägt von den eigenen Direktiven. Sie fordern von ihren Zulieferern sozusagen Innovation auf Bestellung nach den definierten eigenen Bedürfnissen – sind aber nur bedingt offen für ungefragt präsentierte neue Ansätze. Zumindest gilt dies für den Einkauf, immerhin Eckpfeiler der Beschaffungsfunktion. Überhaupt scheinen Einkäufer kaum in Innovationsprozesse eingebunden zu sein, das darf

man getrost als Verschwendung sehen. Nur 14 % der Einkäufer sind offen für nicht beim Zulieferer angefragte Informationen. Es ist unwahrscheinlich, dass Unternehmen, selbst wenn sie auf ihrem Gebiet Technologieführer sind, alle für sie oder ihr Marktsegment relevanten neuen Lösungen mit eigenen Ressourcen rechtzeitig erkennen und einschätzen können.

Eine besondere Ironie: Bereits in seiner ersten Untersuchung von 1996 stellte Hermann Simon fest, dass viele Hidden Champions ihre Kunden erst von einer neuen Lösung überzeugen mussten (Kapitel über die Innovation). Teilweise brauchten die Hidden Champions dafür einen langen Atem. Genau dieses Phänomen scheint inzwischen auf einige Champions – sogar ausgewiesene Hidden Champions – in ihrer Rolle als Kunde übergegriffen zu haben.

Es gibt Anzeichen, dass sich dieser relative Autismus auf Produkte, Prozesse und Geschäftsmodelle gleichermaßen bezieht. In jedem Fall ist diese Haltung eine ernste Gefahr für die Zukunftsfähigkeit auch von sehr erfolgreichen Champions. Wer Bestehendes kontinuierlich verbessert und neue Lösungen innerhalb des gewohnten Rahmens anstrebt, tut fraglos viel. Ob das allein für eine langfristige Zukunftssicherung und vor allem Verteidigung der Marktposition reicht, ist keineswegs sicher.

Beispiele für Ausnahmen:

Ausnahmen gibt es allerdings – und diese korrelieren mit der Wahrnehmung dieser Champions als Innovationsführer. Ihre Beschaffungsverantwortlichen stehen initiativ vorgebrachten Informationen und Angeboten aufgeschlossen gegenüber. Beispielhaft erwähnt sei hier ein Automationsspezialist, der regelmäßig futuristische Lösungen präsentiert, um seine Innovationskraft zu demonstrieren. Als Doppelchampion ist er auch Weltmarktführer in der Konzeption und Herstellung von Bildungsausrüstungen für industrielle oder berufliche Aus- und Weiterbildungseinrichtungen. Ein weltweit aktiver Spezialist für eine bestimmte Technik der Strom- und Datenübertragung ist ein weiteres Beispiel. Ein drittes Beispiel ist ein weltweit führender metallurgischer Anlagenbauer, der als Systemintegrator auf zuliefererseitige Informationen über Technologietrends nahezu lebenswichtig angewiesen ist.

Nicht wenige unter den erfolgreichen Zulieferern in diesem Zusammenspiel können sich wohl als Gewinner in ihrem Markt fühlen, zumindest haben sie sich als Vertriebsgewinner erwiesen. Sie haben sich offenbar am besten mit den speziellen Präferenzen der Champions arrangiert. Da wir diesen Zulieferern – sofern es unsere Einblicke erlaubten – ebenfalls einen gewissen Champion-Status zuerkennen dürfen, unterstellen wir ihnen die gleiche Hartnäckigkeit bei der Kundenbedienung, die ihre Champion-Kunden wiederum bei ihren Kunden an den Tag legen.

Sie verstehen es offenbar, eigens entwickelte, manchmal durchaus revolutionäre Innovationen durchzusetzen, wenn auch unter Umständen nur vereinzelt. Sie wissen zudem die richtigen Ansprechpartner im formellen oder informellen Buying Center zu finden und zu überzeugen.

Aber zugleich gefährden die erfolgreichen Zulieferer unter keinen Umständen ihre erworbene Stellung bei ihren Kunden, sofern die meist über Jahre eingespielte Zusammenarbeit nicht grundsätzlich in Frage gestellt wird. Sie wissen offenbar: Der hochinnovative Anbieter darf sich nicht durch ‚Über-Innovation' gewissermaßen selbst ins Abseits schießen, er muss parallel seine bewährten Produkte weiterhin mit der bekannten Qualität und Stabilität anbieten können. Er muss also Fehlschläge bei Innovationen wegstecken, seine Experimentierfreue bewahren und gleichzeitig die Verfügbarkeit weiterhin gefragter Produkte und Technologien garantieren können. Das ist ein Spagat, der auch den leistungsstärksten Zulieferern viel abverlangen dürfte. Ihre Beziehung zum Champion-Kunden ist es ihnen Wert.

* **Preisexzellenz ist auch im High-End-Segment zwingend**

Der Preis spielt bei komplizierten Produkten auch im High End-Segment sehr wohl eine Rolle. Es entpuppt sich als ein Mythos, dass sich hoch- und höchstklassige Produkte allein über Funktionalität oder Qualität verkaufen. Preisbildung ist eine Schlüsseldimension, die mit höchster Professionalität ausgeübt werden sollte, sie ist Chef- und Expertensache.

* **Nur bedingte Treue zum Zulieferer erkennbar**

Selbst die als treu geltenden Hidden Champions erweitern ihr Portfolio an Zulieferern, und zwar auch dann, wenn sie mit den bestehenden zufrieden sind. Natürlich entwickeln Champions, ob ‚hidden' oder nicht, ihre Zulieferer weiterhin am liebsten langfristig und heben sie damit, wie erwähnt, teilweise selbst auf Champion-Niveau. Aber sie verlassen sich offenbar zunehmend ungern auf wenige Partnerschaften, möchten zu starke Abhängigkeiten vermeiden, auch aus

Preisgründen, wie selektive Kommentare der befragten Einkäufer nahe legen. Das ‚global smart Sourcing' hat Einzug gehalten. Auch mittelständische Champions suchen also weltweit systematisch nach Alternativen – ein Ansatz, der bisher eher für konzernartige Big Champions typisch war.

• **Weniger als ein Drittel der Champions sind vollständig zufrieden mit der gelieferten Produktqualität**

Trotz aller Anstrengungen im Qualitätsmanagement der Zulieferer, die wir unterstellen dürfen, sind nur gut 28 % der Einkäufer komplett zufrieden mit der Qualität der gelieferten Produkte oder Dienstleistungen. Wer Champions beliefert, ist also nicht automatisch selbst ein Qualitäts-Champion.

• **Drei Viertel der Champions sind unzufrieden mit dem Prozessmanagement ihrer Zulieferer**

Hochgerechnet haben bei drei Viertel der Champions mindestens ein, aber eventuell auch mehrere Zulieferer mit so erheblichen Koordinationsproblemen in den Prozessen und der Kommunikation zu kämpfen, dass dies die Belieferung und auch sonstige Beratung und Bedienung des Kunden massiv stört. Das Prozessmanagement klappt demzufolge häufig nicht. Offenbar machen auch in diesem Bereich einige Zulieferer nicht automatisch ihre Hausaufgaben, nur weil sie Champions beliefern. Langfristig ist dadurch selbst bei besten Produkten die Listung beim Champion-Kunden gefährdet!

• **Champions sind keine ganz homogene Gruppe, was ihre Präferenzen in Geschäftsbeziehungen angeht**

Es gibt Disparitäten, selbst Champions aus der gleichen Branche unterscheiden sich in ihrer Zufriedenheit mit ihren Zulieferern teils erheblich. Manche Champions etwa legen Wert auf die detailreiche Kenntnis der eigenen Produkte seitens der lieferantenseitigen Mitarbeiter – andere nicht. Auch in der Aufstellung der Lieferanten gibt es Kontraste: Manche Champions sind sehr unzufrieden mit der Produktverfügbarkeit ihrer Zulieferer – andere sind begeistert. Ähnliches gilt für die Kundenorientierung auf Produktebene. Eine neutrale Haltung nimmt in diesen Punkten kaum ein Einkäufer ein.

Zusammengefasst ist allerdings ein klares Bild erkennbar, auf welche Parameter sich erfolgsorientierte Zulieferer und auch Endprodukthersteller im Industriegeschäft sowie im Markt für langlebige Gebrauchsgüter und Dienstleistungen konzentrieren müssen.

Leitsatz:

Marktgewinner überzeugen durch dauerhafte Kundenexzellenz in drei strategischen Dimensionen:

* **Preis**
* **Produkt- und Prozessbeschaffenheit** (Funktion, Qualität, Stabilität)
* **Mitarbeiterverhalten und -qualifikation** (Kundenorientierung, Fach-/Managementkompetenz)

Der Faktor Mensch ist stärker zu gewichten als die Systeme!

Es fällt auf, dass sich – neben den zwei eindeutig messbaren Dimensionen Preis sowie Produkt- und Prozessbeschaffenheit – die dritte Dimension Mitarbeiterverhalten und -qualifikation einer kompletten Transparenz entzieht. Formale Qualifikation kann man mit einigem Aufwand noch eindeutig quantitativ und qualitativ erfassen, wenn man entsprechende Parameter aufstellt. Mit verhaltensbezogenen Werten ist das weitaus schwieriger. Das deckt sich mit den Erkenntnissen von Hermann Simon, der zumindest den Hidden Champions einen erheblichen Wettbewerbsvorteil durch ihre nur schwer messbare – allerdings gut zu beschreibende – Unternehmenskultur attestiert.

Wobei Simon hier auf einen Ausweg hinweist: die Messung der Führungsleistung oder, noch weiter gefasst, der Unternehmenskultur an betriebswirtschaftlichen Kennzahlen, bis hinein in die Produkt- und Prozessebene. Auf hinreichend kleine Einheiten heruntergebrochen, erscheint dies praktikabel. Natürlich kann man, etwa nach Workshops oder Trainings, auch Zufriedenheitsumfragen durchführen. Aber aussagefähig sind am Ende nur die wirtschaftlich relevanten Kennzahlen. Manchmal stellen sich Maßnahmen, die zunächst unpopulär sind, hinterher als äußerst erfolgreich heraus. Und allseits für gut befundene Maßnahmen versanden manchmal sang- und klanglos im Tagesgeschäft. Was hier zählt, ist die Umsetzung, sonst nichts.

Unsere Meinung lautet wie folgt: Wenn man die Dimension Mitarbeiterverhalten und -qualifikation konsequent am Grad einer möglichst agil gestalteten Kundenorientierung und damit Kundenzufriedenheit ausrichtet, wird sie zwar noch immer nicht vollständig transparent. Aber sie wird qualitativ fassbar. Vor allem ist sie im Verständnis der Champions kein Soft Skill, sondern ein harter Faktor, der über den Erfolg bestimmt! Daher ist ihr größte Aufmerksamkeit einzuräumen.

Universelle Anwendbarkeit der Kundenexzellenzregeln

Schon innerhalb dieser Studie unterschieden sich die Endprodukthersteller in ihren Prinzipien nicht signifikant von den reinen Komponentenherstellern. Das Bild war diesbezüglich sehr homogen.

Die gute Nachricht für alle Zulieferer und Endprodukthersteller dürfte mit sehr hoher Wahrscheinlichkeit lauten: Die Vertriebs- und Vermarktungsprinzipien, die für Champion-Kunden gelten, sind auf ‚Nicht-Champion'-Kunden erst recht anwendbar. Kunden, die erst auf dem Weg und zugleich weiter willens sind, sich zu entwickeln, werden tendenziell offener sein für ideenreiche und proaktive Zulieferer. Richtig umgesetzt, werden Zulieferer mit den Regeln der Marktgewinner ihre Kunden dauerhaft zufrieden stellen, viele von ihnen begeistern und alle auf ein höheres Niveau bringen. Sie werden als strategische und langfristige Partner außerordentliche Erfolge feiern.

Von Champions lernen und selbst ein Champion werden

Die erfolgreiche Marktbearbeitung ist Chefsache und zukünftig noch stärker als heute eine Frage der ganzen Unternehmensorganisation – nicht nur des Vertriebsteams.

Dieses Buch zeigt, was heute und in den kommenden Jahren die erfolgreiche Kundenbedienung im B2B- und B2B2C-Segment ausmacht und ausmachen wird, warum Kundenexzellenz entscheidend sein wird und welche Voraussetzungen ein Unternehmen dafür erfüllen muss. Die Datenbasis besteht in der weltweit einzig verfügbaren, systematischen Studie über die Erwartungen der Beschaffungsverantwortlichen von Champion-Unternehmen an alle Mitarbeiter ihrer Zulieferer, die zu ihnen den direkten Kontakt unterhalten – also neben der Abteilung Vertrieb auch Presales, Projektmanagement oder etwa Service und Marketing. Befragt wurden Einkaufsentscheider unterschiedlicher Ebene von 29 Welt- und Europamarktführern, darunter 13 Endprodukthersteller mit entsprechend starker Marke bei der Anwendergruppe.

Die Zielgruppen des Buches sind daher neben dem klassischen Inhaber insbesondere Vorstände, Geschäftsführer, Bereichsleiter und Business Unit-Leiter von Unternehmen, die im B2B-Vertrieb aktiv sind, sowie selbstverständlich Vertriebsleiter und Vertriebsmitarbeiter.

Beschaffungsverantwortliche können sich anhand der Ergebnisse mit ihren Kollegen vergleichen. Somit ist diese Studie auch für zukunftsorientierte Einkäufer, die ihre Rolle als Gestalter sehen, ein Muss.

Angereichert wird das Buch durch eine zusammenfassende und aktuelle Darstellung moderner Einkaufsorganisationen von Unternehmen, die erklärungsbedürftige Produkte oder Dienstleistungen vermarkten, oder die komplizierte Maschinen und umfangreiche Dienstleistungen nutzen. Dies setzt die Studienergebnisse in einen größeren branchenübergreifenden Zusammenhang.

Das Buch zeigt wichtige Trends der erfolgreichen Unternehmensführung. Mehr denn je sind Unternehmen aufgerufen, sich gesamthaft kundenorientiert aufzustellen. Kundenorientierung hört eben nicht mit dem Vertrieb auf, sondern fängt dort erst an.

Warum fokussieren wir Champions? Aus schlichter empirischer Erkenntnis zahlreicher internationaler Wissenschaftler, die sich der Erforschung des Unternehmenserfolgs widmen: Nichts verhilft dem eigenen Unternehmen so zielsicher zum Erfolg, als konsequent Champions zu bedienen. *Champions sind äußerst anspruchsvoll und setzen Trends.* Wenn die entsprechende Kundenbasis noch fehlt, sollten ambitionierte Zulieferer sich ausdauernd bemühen, einen Champion als Kunden zu gewinnen und zu halten. Wer Champions mit ihren oft komplizierten Wünschen als positive Herausforderung begreift und dauerhaft zufrieden stellt, wer irgendwann erfolgreich eigene Innovationsimpulse setzt – der wird früher oder später selbst zum Champion. Aus Kundenorientierung wird Kunden*exzellenz*.

In keinem anderen Land lässt sich das exemplarisch so gut verfolgen wie in Deutschland, dem Land der Hidden, aber auch vieler Big Champions. Obwohl, was heißt hier Deutschland? Champions mit deutschem Hauptquartier stellen sich immer internationaler auf, dringen in immer mehr Länder der Erde mit eigenen Niederlassungen vor.

Vertriebsbezogen sind viele Champions schon global, jetzt folgen Beschaffung und Produktion. Das birgt gewisse Risiken für diejenigen Zulieferer, die den Champions territorial nicht folgen, und bringt Chancen für neue Anbieter in den jeweiligen Ländern.

Insoweit ist dieses Buch auch eine wertvolle Handreichung für alle Unternehmen, die mit den begehrten – und nicht nur deutschen – Champions wo auch immer auf der Welt ins Geschäft kommen wollen.

Wir spannen den Bogen von organisatorischen Fragestellungen bis hin zur erforderlichen Führungs- und Managementkultur einschließlich konkreter Handlungstipps. Bei der praktischen Anwendung der von uns ermittelten Prinzipien ist natürlich immer die individuelle Situation des Unternehmens zu beachten. Auch die fortschreitende Digitalisierung wird dazu beitragen, dass die Umsetzung und Ausgestaltung dieser Prinzipien einem Wandel unterliegt. Dies wiederum erfordert maßgeschneiderte Qualifizierungsmaßnahmen für die eingebundenen Akteure.

Folglich sind nicht alle Prinzipien für jedes Unternehmen oder in jeder Kundenbeziehung zwingend gleich wichtig oder gleich ausgeprägt. Allgemeingültig ist hingegen ihre grundsätzliche Zusammenstellung als strategisches Portfolio zur Messung der Kundenexzellenz.

Wer die Regeln des Vertriebs an Champions befolgt, wird früher oder später zum Marktgewinner.

Deutschland, Land der Champions

Das Land der Champions

Die deutsche Wirtschaft in der Gesamtheit aller Unternehmen zählt zu den stärksten der Welt. Nach Anzahl der weltmarktführenden Betriebe ist Deutschland seit Jahrzehnten sogar einsame Spitze, allen zwischenzeitlichen Weltwirtschaftskrisen zum Trotz. Und das, obwohl das Land im weltweiten Vergleich eher klein, rohstoffarm und nicht mal im engeren Sinne bevölkerungsreich ist. Die umfangreichste Liste der deutschen Weltmarktführer dürfte wohl die 1.000 Unternehmen umfassende Liste von Bernd Venohr sein, die auch Großkonzerne einschließt.

Hermann Simon beschrieb in seinem Buch „Die heimlichen Gewinner" von 1996 erstmals systematisch die Existenz und Aufstellung dieser vorwiegend mittelständisch geprägten, international führenden Unternehmen.

Hidden Champion oder Big Champion?

Der Begriff des Hidden Champions ist seitdem eindeutig belegt und wird von Simon beständig an die Wirklichkeit angepasst: Es handelt sich um Unternehmen, die mindestens in ihren Märkten auf ihren Heimatkontinenten anteilsbezogen die Nr. 1 sind und im Weltmaßstab jeweils zu den Top 3 gehören. Ihr jährlicher Umsatz darf nicht höher als 5 Milliarden Euro sein. Ihre Namen oder Marken dürfen der breiten Öffentlichkeit nicht allzu bekannt sein. Meistens – wenn auch nicht ausschließlich – findet man sie in Branchen oder Anwendungsfeldern, die technologiegeprägt sind:

- Automotive
- Elektrik/Elektronik/Mechatronik
- Maschinen- und Anlagenbau
- Chemie und Verfahrenstechnik
- Medizintechnik
- Technische Dienstleistungen

sowie angelagerte Subdisziplinen. Damit bilden die Hidden Champions recht deutlich den Querschnitt dessen, was die Stärke der deutschen

Wirtschaft insgesamt ausmacht. Und auffällig: Sie sind eher selten im direkten Geschäft mit dem Verbraucher aktiv (B2C), sondern typische Vertreter des B2B-Geschäfts.

Viel ist seit der Erstuntersuchung durch Simon über diese Klasse von Erfolgsunternehmen geschrieben worden, viele Erfolgsparameter sind mithin bekannt. Zwei Aspekte werden dabei immer wieder herausgehoben: die Innovationskraft und die Kundennähe. Kundennähe beschreibt Simon dabei nicht im Sinne eines klassischen Marketingansatzes, sondern als Vertriebsstärke durch intensive Präsenz beim Kunden und hocheffektive Aufnahme der Kundenwünsche. Diese wiederum dienen als Innovationstreiber.

Simons Erkenntnisse sollen nicht heißen, dass der typische deutsche Mittelständler zwingend ein Marketingdilettant ist oder bewusst entgegen den Lehrbüchern handelt. Es gibt im Gegenteil zahlreiche Hidden Champions, die außerordentlich modern in ihren Marketingmaßnahmen sind, nur eben im typischen Industriegütermarketing und nicht im Sinne einer Außenkommunikation, die der Imagebildung in der Öffentlichkeit dient. Doch auch in diesem – wenn man so will – Teilbereich des Marketings ändern sich manche Hidden Champions. Um das festzustellen, benötigt man keine Studie, es reicht ein Blick auf entsprechende Webauftritte, Broschüren oder Social Media-Aktivitäten. Dazu später noch mehr.

Bezweifelt wird nach Meinung von vielen Marketingexperten, dass diese doch sehr handfesten und kaum strategisch gesteuerten Kommunikationsmaßnahmen entscheidend zum Erfolg beitragen. Wäre es an dem, dürften jene Unternehmen mit nach Lehrmeinung sehr schlechter oder überhaupt kaum vorhandener Außenkommunikation an eine breitere Öffentlichkeit nicht erfolgreich sein; Sie sind es aber!

Essenziell erscheint daher tatsächlich die direkte Interaktion mit dem Kunden. Das heißt konkret, dass die Beziehung einerseits zwischen dem zuliefererseitigen Vertrieb beziehungsweise Kundenprojektmanagement und andererseits der kundenseitigen Beschaffung, meist bestehend aus klassischem Einkauf und Vertretern der Fachabteilungen, die die Produkte oder Dienstleistungen unmittelbar nutzen, von höchstem Interesse ist. Hier muss ein wesentlicher Schlüssel zum Erfolg liegen.

Doch was genau passiert an diesen Schnittstellen?

Nicht die Vertriebsverantwortlichen befragen sondern die Einkäufer

Studien zur Vertriebsanalyse, in welchen Vertriebsverantwortliche bezüglich der Erfolgsfaktoren im Vertrieb befragt wurden, gibt es viele. Ebenso wurden zumindest einige Studien, in denen Beschaffungsverantwortliche zur Analyse von grundsätzlichen Beschaffungsstrategien befragt wurden, publiziert. Uns hat jedoch die Schnittstelle zwischen Beschaffung und Vertrieb besonders interessiert, denn hier fällt letztlich die Entscheidung über ein Geschäft.

Wer den Vertrieb befragt, erhält valide Antworten aus der Eigensicht, so lassen sich etwa die Eigenschaften starker oder schwacher Vertriebler beziehungsweise Kundenkontakter herausfiltern. Wer die Einkäufer zu ihrer Beschaffungsstrategie befragt, erhält immerhin Einblicke in ihre Präferenzen und Bedarfe. Offen bleiben in beiden Fällen jedoch viele Fragen, die die unmittelbare Interaktion zwischen den Fach- und Führungskräften beider Gruppen betrifft. Warum ist deren Beantwortung auch für die Zukunft wichtig?

Nun, wer glaubt, dass B2B-Geschäfte in Zeiten des digitalen Wandels (Stichwort Big Data und E-Commerce) in absehbarer Zeit völlig ,depersonalisiert' ablaufen werden, irrt. Das hat unsere Befragung eindeutig zutage gefördert. Es lohnt sich also der Blick auf das Beziehungsmanagement.Unser Fokus: nicht unbedingt hidden, doch auf jeden Fall Champion

Wir haben Unternehmen in unsere Studie eingebunden, die aufgrund ihrer Relevanz zum einen die genannten Simon'schen Kriterien erfüllen. Darüber hinaus dürften einige Teilnehmer durchaus einen gewissen Bekanntheitsgrad genießen und daher nicht im engeren Sinne als Hidden Champions gelten. Sie sind aber qua Größe mittelständisch geprägt und aufgrund ihrer international marktführenden Stellung Champions. In wenigen Fällen haben wir Einheiten innerhalb eines Konzerns, die rechtlich eigenständig agieren und damit eine entsprechende unternehmerische Unabhängigkeit genießen, in unsere Studie aufgenommen.

Weltweit gültige Erfolgsregeln des B2B-Vertriebs?

Das Ziel dieser Studie: allgemeingültige Erfolgskriterien für den Vertrieb erklärungsbedürftiger Produkte oder Dienstleistungen zu finden. Champion-Unternehmen kommen ins Spiel, weil wir ihnen besonders enge Kriterien und harte Vorgaben an die Zulieferer unterstellen. Daher dürfte gelten: Wer die Champions dauerhaft zufrieden stellt, muss über einen schlagkräftigen Vertrieb mit dahinter stehender hocheffektiver Organisation verfügen, und zwar zunächst jenseits einer hervorragenden und vor allem ausdifferenzierten Produkt- und Angebotspalette. Diese entsteht in voller Breite und Tiefe im Zuge der Geschäftsbeziehung. Kein Unternehmen entwickelt sich aus dem Stand zu einer Macht, das ist selbst Internetfirmen noch nicht wirklich gelungen. Dauerhafte Exzellenz ist eine Frage des Durchhaltevermögens und, fast zwingend logisch, auch des richtigen, herausfordernden Kundenkreises. Das bedeutet: Im Idealfall wird zum Champion, wer selbst Champions beliefert.

Und auch der Vertrieb der Champions selbst kann von den Erkenntnissen dieser Studie profitieren, denn seine Kunden sind in der Regel wiederum Unternehmen, die entweder Hidden Champions, Big Champions oder differenziert positionierte Großkonzerne sind. Mit anderen Worten: Selbst Champions befinden sich in einer Abhängigkeit, sind Teil einer B2B-Vertriebskette. In manchen Teilsektoren – nehmen wir im Automotive-Bereich etwa die kompletten Schalt- und Getriebeeinheiten – gibt es ganze Ketten von Champions, die teils sogar miteinander konkurrieren. So liefern Champion-Elektronikhersteller, Champion-Kunststoffhersteller und Champion-Metallteilehersteller an den Toptier-Zulieferer, der als Produzent und Integrator der gesamten Schalt-Getriebe-Einheit seinerseits ein Champion ist. Und dieser Tier 1-Zulieferer, er steht sozusagen an erster Stelle der Nahrungskette der Zulieferer, beliefert am liebsten Champion-Endprodukthersteller, nämlich globale Premium- oder Volumenhersteller.

Die weltweite enge Verkettung von Champions spricht dafür, dass die Erkenntnisse dieser Studie zumindest grob auf jedes Unternehmen, das im B2B-Umfeld agiert, anwendbar sind. Branche oder Land mögen nicht gänzlich unwichtig sein, bleiben aber sekundär. Lässt sich also die Erfolg versprechende oder ungünstige Aufstellung eines Unternehmens mit einem Blick erfassen? Im konkreten Fall wird man sich Märkte, Kundengruppen, Produkte und die interne Organisation näher anschauen müssen, um zu einer belastbaren Einschätzung zu kommen. Der Weg und die Richtung zum Erfolg hingegen sind klar und, nach eingehender Status-quo-Analyse, damit auch die Maßnahmen zur Umsetzung.

Die Rolle der modernen Einkäufer

Egal ob Champion oder nicht, viele Unternehmen stehen im harten, oft weltweiten Wettbewerb. Sie müssen Kosten senken, effizient arbeiten und sind auf eine zuverlässige Versorgung mit Zulieferprodukten angewiesen.

Die Rolle des Einkäufers im Unternehmen hat sich hierbei gewandelt. Von der traditionellen verrichtenden Funktion des Bestellungsabwicklers geht der Trend im Einkauf hin zu einer strategisch und operativ bedeutenden Einheit, die erheblich mehr Mitverantwortung für den Unternehmenserfolg übernimmt. Kernaufgaben der modernen Einkäufer sind Beschaffungs-, Logistik- und Produktentwicklungsprozesse, wobei die Funktionsbezeichnungen und Organisationsstrukturen in den jeweiligen Unternehmen durchaus verschieden sein können.

Einen eigenen ‚strategischen' Einkauf im reinsten Sinne, eine Stabsstelle also, die sich fernab jedes operativen Tagesgeschäfts mit planenden, steuernden und koordinierenden Aufgaben hinsichtlich der Identifikation und Nutzung von Erfolgspotenzialen und dem Initiativmanagement befasst, können sich in aller Regel nur große Unternehmen und Konzerne leisten. Eine enge Verknüpfung strategischer und operativer Aufgaben ist weit häufiger anzutreffen.

Wenn wir im Folgenden den modernen Einkäufer beschreiben, so ist damit letztlich – vor allem aus Vertriebssicht – die Person auf der anderen Seite des Verhandlungstisches gemeint. Wir meinen denjenigen, der für die Beschaffung Ihres Produktes oder Ihrer Leistung verantwortlich ist: Sei es nun ein ‚Purchasing Officer', ein ‚Procurement-Manager', ein ‚Buyer' oder eben ein ‚Einkäufer'.

Hinter dem Einkäufer an der Front steht fast immer ein explizit benanntes oder informell agierendes ‚Buying Center' im Kundenunternehmen. Das Buying Center wird aus heterogenen und meist cross-funktionalen internen Interessengruppen gebildet, die je nach Art, Umfang und Bedeutung des Kaufprozesses an ebendiesem beratend oder beeinflussend formell oder informell beteiligt sind. Die Strukturen und Schlüsselstellen auf Kundenseite zu identifizieren, gehört zu den wichtigen informatorischen Grundlagen eines Vertriebsprozesses. Nicht selten ist nicht der Einkäufer an der Front der tatsächliche Entscheider, sondern jemand aus der Fachabteilung.

Gleichwohl hat sich im Zuge der Professionalisierung der Einkaufsfunktion zunehmend der Einkäufer als letztverantwortlicher Hauptansprech- und Geschäftspartner des Vertriebs positioniert. Genau diese Rolle wollen wir zunächst näher beleuchten.

Denn nur durch die sehr gute Kenntnis der Situation und Bedürfnisse Ihres Gegenübers im Kundenunternehmen können Sie zum wahrhaftig kundenorientierten Problemlöser werden. Und diese Positionierung Ihrerseits ist ein wichtiger Schlüssel zu dauerhaften Geschäftsbeziehungen. Die Gleichung ist tatsächlich so einfach, wie sie klingt: Wenn Sie dem Einkäufer helfen, erfolgreich zu sein, dann sind auch Sie erfolgreich!

Die Einkäufer in Industrieunternehmen sehen sich heutzutage drei wesentlichen Erwartungen gegenüber:

a) Einkäufer müssen Versorgungssicherheit gewährleisten

Die zuverlässige, reibungslose Versorgung mit Zulieferteilen ist für die Produktion der Unternehmen essenziell. Dabei bringen gestraffte Produktionsprozesse gestiegene Herausforderungen an das Lieferketten-Management mit sich, Just-In-Time oder Ship-To-Line-Anforderungen etwa sind typische Beispiele bei Serienfertigern.

In drei von vier deutschen Industrieunternehmen entscheidet die Beschaffung selbstständig über die Wahl der Lieferanten. Je komplizierter und technisch spezieller die eingekauften Produkte, desto stärker reden die Fachabteilungen mit. Die Rolle der Einkäufer hat sich zu Managern des Zulieferprozesses gewandelt, sie müssen effektiv mit Zulieferern und unternehmensinternen Bereichen zusammenarbeiten, Bedarfe planen, Verhandlungen führen und bei Problemen oder Störungen schnell Lösungen finden. Zudem wird von den Einkäufern nahezu selbstverständlich erwartet, dass sie die Qualität der Produkte und Prozesse sichern und dem Zulieferer Orientierung geben, diese stetig zu optimieren.

b) Einkäufer müssen Kosten optimieren

Die Gesamtausgaben eines Industrieunternehmens verteilen sich in etwa wie folgt:

- 60 % Einkaufskosten
- 25 % Personalkosten
- 15% Abschreibungen sowie Finanzierungs- und Gemeinkosten.

Diese Verhältnismäßigkeiten bedeuten beispielsweise, dass eine Einsparung von 5% des Einkaufsvolumens eine Steigerung des Ertrags um 3% mit sich bringt. Abgesehen vom Preis ist die Senkung der Einkaufskosten der wirkungsvollste Hebel, um das Unternehmensergebnis zu verbessern. Einkäufer können ihrem Unternehmen das meiste Geld sparen. Im Einkauf liegen für die Unternehmen somit die gewichtigsten Einsparpotenziale, der Kostendruck wird nahezu zwangsläufig an die Einkäufer zur Ausführung weitergegeben.

Gemessen werden Einkäufer in modernen Organisationen häufig an den Total Costs Of Ownership, also den Gesamtkosten einer Investition. Im System- und Anlagenbereich betragen die Betriebskosten regelmäßig ein Mehrfaches der Anschaffungskosten.

c) Einkäufer müssen ihr Unternehmen und ihre Zulieferer weiterentwickeln

Für die Innovation und Produktentwicklung in Industrieunternehmen ist die Beschaffungsfunktion, und hier besonders der strategische Einkauf, von großer Bedeutung und wird häufig mit in diese Prozesse einbezogen. Die Unternehmen profitieren im Zulieferbereich von langfristigen Beziehungen mit leistungsfähigen Partnern, bisweilen sogar über mehrere Wertschöpfungsstufen. Moderne Einkäufer entwickeln daher ihre Zulieferer, sie erweitern Wissen und Kompetenzen gemeinsam.

Fazit:

Moderne Beschaffung ist Projektmanagement. Einkäufer müssen führungs- und koordinationsstark sein und ebenso über analytische wie über kommunikative Fähigkeiten verfügen. Sie benötigen und erwarten von ihren Zulieferern pro-aktive Unterstützung und Problemlösungen. Im Idealfall denken sie bei der Beschaffung eines Produkts oder einer Dienstleistung immer schon an den Vertrieb und die Kunden des eigenen Unternehmens.

Für Kundenkontakter und insbesondere Verkäufer bedeutet das, sich auf gut vorbereitete und meist auch technisch versierte Einkäufer einstellen zu müssen. Die Tage des klassischen Verkäufers, der nur durch eine gute Kommunikation überzeugt, sind im B2B-Vertrieb komplizierter Produkte und Dienstleistungen gezählt.

Industrie 4.0/Internet-of-Things

Wenn die Rede vom wichtigsten Megatrend der kommenden 15 Jahre für Industrieunternehmen und angelagerte Dienstleister ist, fällt als industrieller Teilbereich des Megatrends Digitalisierung zumeist der Begriff ‚Industrie 4.0', inzwischen ein Schlagwort! Im internationalen Kontext wird gelegentlich der übersetzte Begriff Industry 4.0 verwendet, häufiger ist allerdings vom Internet-of-Things, kurz IoT, die Rede. IoT beschreibt nicht unbedingt exakt das gleiche Phänomen wie Industrie 4.0, sondern umfasst beispielsweise auch Anwendungen im Consumerbereich. Wir verwenden beide Begriffe parallel, da heute noch unklar ist, welche relevanten Anwendungen zukünftig eher als Industrie 4.0 oder IoT bezeichnet werden.

Unternehmen, die sich fit für die Zukunft machen wollen, kommen also um Industrie 4.0/IoT nicht herum, so jedenfalls lautet das Credo von Wissenschaftlern, Beratern und Fachjournalisten unisono.

Unklar ist allerdings, was mit Industrie 4.0/IoT genau gemeint ist. Der Begriff ist nämlich keinesfalls eindeutig definiert. Allerdings kann man ihm ein Panoptikum an technischen Trends zuordnen, die bereits eingesetzt haben und im weitesten Sinne zur Industrieautomation gehören:

- die Interaktion Maschine-zu-Maschine, auch über Unternehmensgrenzen hinaus
- vollautomatisierte Bestellabwicklung
- vollautomatisierte Fehlerbehebung
- vollautomatisierte Optimierung ganzer Produktionsprozesse einschließlich Gebäudetechnik
- verstärkter Einsatz von Robotik, insbesondere humanoide Roboter oder Assistenzroboter zur Ermöglichung einer direkten Mensch-Roboter-Kooperation
- internetbasierte Vernetzung von Maschinen und Anlagen
- Steuerung von Maschinen und Anlagen über mobile Endgeräte
- Revolution von Fertigungsverfahren, etwa 3-D-Druck.

Bereits anhand dieser wenigen Beispiele, die sich teilweise überlappen oder einander bedingen, kann man die Diversität der Strömungen erkennen. Am Ende soll die so genannte „Smart Factory" stehen.

Wir glauben allerdings, dass die komplette Smart Fabrication in dieser Ausprägung eine Utopie bleiben wird. Ein Hauptgrund gegen die Totalvernetzung dürfte in der Anfälligkeit derartiger Netze für Hackerangriffe liegen. Werden Unternehmen wirklich ihre langjährigen und mühsam erworbenen Wettbewerbsvorteile so ins Internet stellen, dass Angreifer diese unmittelbar in der Produktion vernichten können? Erste Vorkommnisse dieser Art, wie etwa die gezielte Schädigung eines Hochofens (siehe Handelsblatt.com, 18.12.2014), sollten zu denken geben.

Darüber hinaus würde die Innovation auf lange Sicht womöglich nicht gefördert, sondern vielleicht sogar deutlich erschwert werden. Das klingt paradox, ist es aber wahrscheinlich nicht. Dafür spricht eine Systematik, die wir das ‚Krawatten-Phänomen' nennen. Vielleicht kennen Sie es schon: Bestellen Sie eine Krawatte im Internet und Sie werden sehen, dass Ihnen plötzlich ständig Werbebanner oder Werbelinks zu Krawatten und verwandten Accessoires eingeblendet werden. Nun haben Sie ja gerade eine Krawatte erstanden und brauchen vielleicht nicht einmal Accessoires. Womöglich möchten Sie sich jetzt ein Buch kaufen. Hellsehen werden aber auch die Computer der Zukunft auf absehbare Zeit nicht können. Smarte Systeme ziehen zwar durchaus gewisse Rückschlüsse und verfügen über eine gewisse programmierte, auch selbst erlernte Intelligenz, Zusammenhänge zu erkennen. Disruptive Entwicklungen bleiben dabei jedoch außen vor. Der gleiche Effekt könnte etwa in vollautomatischen Bestellsystemen auftreten – irgendwann muss im Prozess ein mitdenkender Mensch neue Informationen einpflegen. Sonst liefert das System höchste (aber falsche) Effizienz, wenn ab einem gewissen Punkt längst die Effektivität in Frage steht.

Dennoch: Die Industrieautomation schreitet voran und die Schlagzahl an Innovationen, die ihren Weg in die Anwendung suchen und finden, wird weiter rasant steigen. Noch vor wenigen Jahren etwa war der Landwirt am Steuer des Mähdreschers der Garant für die effiziente Ernte. Heute kann ein Mähdrescher Felder nahezu vollautomatisch und optimiert ernten. Gleiches gilt für Düngung, Bodenbearbeitung und weitere Aufgaben. Diese atemberaubende Entwicklung beeindruckt. Der Landwirt aber ist geblieben. Er muss hin und wieder doch lenkend eingreifen und vor allem ist mehr denn je sein Vorausdenken und seine Managementqualifikation gefragt. Überflüssig ist er beileibe nicht.

Das ist die gute Nachricht für Einkäufer und Kundenkontakter zugleich. Die Herausforderung liegt in der sich verändernden Interaktion innerhalb der etablierten Wertschöpfungsketten: Einkäufer und Kundenkontakter werden sich weiter entwickeln, ihre Qualifikationen teils anders priorisieren und teils erweitern müssen. Sie werden sich für grundlegend neue Ansätze bezüglich Produktlösungen wie auch der eigenen Vorgehensweise öffnen beziehungsweise diese überzeugend vermitteln müssen.

Eine weitere Folge von Industrie 4.0/IoT ist die Ausdehnung des unmittelbaren Kundeneinflusses. Nicht mehr nur der Vertrieb und Service wird den direkten Kundenkontakt behalten, auch die Bereiche Forschung & Entwicklung, Produktentwicklung, Produktion und selbst der Einkauf werden deutlich stärker eingebunden sein, als sie es heute schon sind. Unternehmen werden sich zwangsweise weiter dem Kundeneinfluss öffnen und kundenorientiertes Denken und Handeln in nahezu allen Bereichen und Abteilungen einführen müssen.

Mix der Kanäle

In unserer Zukunftsvision existieren mehrere Kanäle, die miteinander kombiniert sind und die Kundenbeziehung auf traditioneller und digitaler, auf mensch- und maschinengetriebener Ebene kombinieren. Smarte Systeme mit künstlicher Intelligenz werden die agierenden Menschen unterstützen, Entscheidungshilfen liefern und Prozesse automatisieren, in denen eine Automatisierung auch wirklichen Mehrwert liefert.

So erscheint es durchaus sinnvoll, Standardteile und Commodities vorwiegend digital zu vermarkten, sei es in einem eigenen Shop, über Plattformen oder durch integrierte Bestellsysteme. Die Einsparungen an Kosten und Zeit dürften erheblich sein. Zulieferer erhalten so die Möglichkeit, ihre Preise viel individueller zu gestalten und im Idealfall sogar die Marge zu erhöhen, weil sie über ein smartes System automatisch – sagen wir: pro Kunde und Anwendungsgebiet – einen optimalen Preis quotieren können.

Maschinen etwa könnten in 3D-Showrooms präsentiert und Funktionsweisen erklärt werden, ähnlich wie diese bereits in Videos geschieht. Allerdings wäre der Kunde in der Lage, die Maschine auch in Details gemäß seinen Bedarfen zu konfigurieren, und könnte sich die jeweiligen Funktionen interaktiv simulieren lassen. Eventuell könnte er eine neue Maschine vorab virtuell in seine Fertigung integrieren und sogar Verbesserungsvorschläge vom anbieterseitigen oder seinem eigenen System erhalten.

Diese wenigen plakativen Beispiele schon vermitteln eine Ahnung davon, was auch in B2B-Geschäftsfbeziehungen digital möglich sein wird. Marktgewinner erkennen und nutzen die Chancen, traditionelle und digitale Wege optimal zu verbinden.

Die Erwartungen der Einkäufer an den Vertrieb

Wir haben hier den Einkäufern die offene Frage gestellt, was in ihren Augen einen guten Zulieferer charakterisiert und wodurch sich eine konstruktive Zusammenarbeit auszeichnet. Die Aussagen sind vielfältig, lassen sich aber in mehrere, den Erfolg konstituierende Kategorien zusammenfassen.

Schnelligkeit

Funktionierende, ineinander greifende Abläufe sind ein bedeutender Erfolgsbaustein Ihres Kunden. Ihr Kunde muss am Markt Höchstleistungen in Sachen Qualität, Zuverlässigkeit sowie Termintreue bringen. Und hier ist er auf Ihre Schnelligkeit angewiesen. In der Sondierungsphase wünschen Champions aussagefähige Angebote innerhalb weniger Tage. Bei An- oder Rückfragen nervt es Ihre Kunden, wenn sie nicht innerhalb einer Stunde zurückgerufen werden oder eine Mail erhalten (93 % explizite Nennungen). Wenn es länger dauert, tut es dem Kunden unter Umständen richtig weh. Über die Hälfte aller Befragten nennen Schnelligkeit und damit verbundene Eigenschaften, insbesondere Liefer- und Termintreue, als Antwort auf eine offene Frage. Sie sind also in ihrem Antwortverhalten nicht gelenkt worden, und versehen Schnelligkeit dennoch mit hoher Priorität.

Dieser Fokus unterstreicht die immense Wichtigkeit der Dimension und bestätigt das Credo, dass meistenteils nicht die Großen die Kleinen, sondern noch immer die Schnellen die Langsamen abhängen.

Bei der Frage, welche Verhaltens- und Managementmerkmale der Vertriebsmitarbeiter beziehungsweise der zuliefererseitigen Mitarbeiter und Ingenieure besonders wichtig sind, wird Schnelligkeit sogar von insgesamt 97 % der Befragten als „stark" oder „erheblich" wichtig gewertet. Allein 66 % geben Schnelligkeit die höchste Gewichtung – das ist eine der klarsten Bewertungen in unserer Studie überhaupt. Champions dulden keine Zauderer oder Schlafmützen! Und umgekehrt ist Schnelligkeit eine Kernkompetenz, um selbst zum Champion aufzusteigen oder es zu bleiben.

Praxistipp: Schnelle Reaktion

Melden Sie sich immer schnellstmöglich, auch wenn Sie nicht sofortige Lösungen präsentieren können. Ihr Kunde muss wissen, dass Sie im wahrsten Wortsinn wach und aktiv sind. Es geht nicht immer darum, sofort eine Antwort oder gar eine vollständige Lösung parat zu haben. Ansprechpartner in vielen technisch geprägten Unternehmen neigen aber dazu, genau das zu glauben. Es widerstrebt ihnen, sich ohne genaue Informationen, Daten oder Ergebnisse zurückzumelden. Das ist ein Fehler. Natürlich muss die Lösung so schnell wie möglich auf den Weg gebracht werden. Jedoch zählt auch hier die zwischenmenschliche Dimension: Interaktion beweist Interesse und Engagement, Funkstille das Gegenteil. Wer reagiert und kommuniziert, hält das Eisen im Feuer und kann weiter an der erfolgreichen Geschäftsbeziehung ,schmieden'.

Kundenorientierung

Eine Zulieferbeziehung ist bestimmt durch so genannte High-Involvement-Käufe, die eine extrem hohe Aufmerksamkeit und Motivation des Käufers erfordern, und zwar im besten Sinne. Als erfolgreicher Zulieferer müssen Sie Ihrem Kunden im gesamten Kauf- und Lieferprozess mit Rat und Tat zur Seite stehen. Das ist Ihre Chance! Jeder von uns befragte Einkäufer nennt mindestens einen Faktor, der sich auf den effizienten und reibungslosen Zulieferprozess von der Produktentstehung bis zum Aftersales-Service bezieht.

Fairness (82 %), eine partnerschaftliche Geschäftsbeziehung (74 %) und Loyalität (68 %) sind wichtig. Wie an anderer Stelle noch eingehender beschrieben, sollten Sie gut zuhören können (89 %), die Bedürfnisse des Kunden verstehen (56 %) und Ihren Support auch nach Angebotserstellung optimal gewährleisten (46 %).

Praxistipp: Mentor des Kunden

Als Vertriebler und Kundenkontakter repräsentieren Sie Ihr Unternehmen in den Augen des Kunden. Sie kommunizieren gleichwohl nicht nur einseitig zum Kunden hin, sondern sollten im eigenen Haus eine Art Mentor bzw. Anwalt der Kundeninteressen sein. Engagieren Sie sich dafür, dass der Kunde erstklassige Problemlösungen bekommt. Das gilt umso mehr im Problemfall, etwa bei Qualitätsmängeln oder Lieferproblemen.

Zuverlässigkeit

Neben schneller Kommunikation ist Zuverlässigkeit auch und gerade auf der Produkt- und Prozessebene eine unerlässliche Eigenschaft. Liefer- und Termintreue sind ein Muss (96 %). Das überrascht wenig: Im schlimmsten Fall kann Ihr Kunde selbst Termine und Zusagen nicht einhalten oder muss sogar Produktionsausfälle hinnehmen, wenn Ihre Lieferungen nicht plangemäß eintreffen.

Dafür müssen letztlich die Einkäufer in deren Unternehmen sozusagen ihren Kopf hinhalten, denn diese haben Sie engagiert. Wie oft werden sie Ihnen Unzuverlässigkeit nachsehen?

Praxistipp: Zuverlässigkeit

Klischee hin oder her – typische Verkäufer versprechen gern viel. Und diese positive Haltung ist ja auch erwünscht, um sich ins Spiel zu bringen. Wenn Sie allerdings langfristig im Rennen bleiben wollen, unterschätzen Sie die Geduld Ihrer Kunden nicht! Vergewissern Sie sich in der eigenen Organisation vor (und nicht nach) einem Abschluss, unter welchen Voraussetzungen die größtmögliche Zuverlässigkeit in punkto Qualität, Funktionalität und Lieferfristen gesichert ist.

Preis-Leistungs-Verhältnis

Fast zwei Drittel der Ausgaben eines Industrieunternehmens fallen auf Einkaufsausgaben. Da liegt es auf der Hand, dass in diesem Bereich die größten Einsparpotenziale liegen. Die Einkäufer der Champions sind zumindest bei strategisch wichtigen Komponenten, Teilen oder auch Dienstleistungen nicht auf der Suche nach der billigsten Lösung, sie zielen auf das optimale Preis-Leistungs-Verhältnis ab. Was aber nicht heißt, dass der Preis immer zweitrangig ist! In ihrem Unternehmen werden Einkäufer häufig an den Total Costs of Ownership gemessen, also der Summe aller Kosten und Aufwände im gesamten Interaktionszyklus.

Wichtig für Sie als Zulieferer ist daher Preiskompetenz (87 %). Sie werden Ihre Preise sehr genau erklären müssen, vertrauen Sie lieber nicht auf einen Bonus, selbst wenn Sie eine starke Marke vertreten. Ihr Kunde wird je nach Produkt und Kauftyp unterschiedliche Maßstäbe verwenden. Im strategischen Einkauf existieren diverse Methoden zur Preisanalyse, etwa Cost Break Downs, hier werden vom Verkaufspreis ausgehend Zielkosten für vorgelagerte Wertschöpfungsstufen kalkuliert.

Praxistipp: *Relevanten* Mehrwert bieten

Ihr Preis darf dann höher als der des Wettbewerbers sein, wenn Sie Ihrem Kunden an anderer Stelle Einsparungen (etwa niedrigere Betriebs- oder Verarbeitungskosten) oder aber eine signifikante und vor allem relevante Mehrfunktion bieten.

Klar ist aber auch: Mit maximaler Kundenorientierung, Problemlöserqualitäten und herausragendem Service schaffen Sie sich Differenzierungsmerkmale jenseits des Preises. Und das wird Ihr Kunde vor allem dann würdigen, wenn es um kritische Produkte oder Projekte geht.

Die von uns befragten Unternehmen haben übrigens bereits mehrheitlich Serviceleistungen als Zusatzbedarf identifiziert. Hier rennen Sie die sprichwörtlichen offenen Türen ein, ganz ohne langwierige Plausibilisierung.

Praxistipp: Produktverkauf mit Serviceangebot

Jeder Produktanbieter sollte Service in sein Geschäftsmodell einbe-
ziehen oder zumindest die Option auf Serviceleistungen für den Kunden schaffen. Hier gibt es nicht nur Geld zu verdienen, sondern auch
die Chance, die Kundenbeziehung zu intensivieren, weitere Informationen zur Zuverlässigkeit des Produkts und möglicherweise sogar Impulse für Innovationen zu gewinnen. Das bedeutet auch: Überlegen
Sie sehr genau, ob Sie Serviceleistungen an – auf den ersten Blick
vielleicht günstigere – Drittanbieter vergeben wollen, wie es oft prak-
tiziert wird. Oder ob es für Sie sinnvoller ist, den Service selbst zu
übernehmen und den Kontakt zum Kunden in der Hand zu behalten.

Bedenken Sie aber auch, dass Champions tiefe Einblicke in Preis- und
Geschäftsmodelle haben. Bündelungen sind kein Selbstläufer, sondern müssen als durchdachtes und eben echten Wert bringendes Angebot konzipiert werden.

Fachkompetenz

Nicht völlig überraschend, jedoch umso wichtiger: Im B2B-Umfeld ver-
langen Einkäufer von ihren Ansprechpartnern fachliche Kompetenz. Unsere Ergebnisse deuten drauf hin, dass diese Kompetenz sich auch über
das Produktwissen hinaus in einen größeren Prozesszusammenhang er-
strecken sollte.

Professionell zu arbeiten (95 %), die Herausforderungen im Kunden-
markt (86 %) ebenso zu kennen wie die Leistungsfähigkeit und Grenzen
des eigenen Unternehmens einschließlich Produkten und Dienstleistungen (22 %) sind Pflichtaufgaben für Sie.

Praxistipp: Wissen managen

Sie punkten, wenn Sie als Schnittstelle von Kundenanforderungen und Inhouse-Know-how fungieren. Sorgen Sie auch über Ihre eigene Kompetenz hinaus dafür, dass stets erfahrene und informierte Mitarbeiter für An- oder Rückfragen Ihres Kunden zur Verfügung stehen. Bei sehr technisch geprägten oder komplizierten Produkten oder Dienstleistungen kann das den entscheidenden Ausschlag für den dauerhaften Geschäftserfolg geben.

Differenzierung: Leistungsmerkmale erfolgreicher Zulieferer

Ging es in der Eingangsfrage allgemein und grundsätzlich um die Erwartungen der Einkäufer an einen leistungsfähigen Vertrieb, zeigen wir Ihnen in diesem Kapitel die Faktoren, mit denen sich aktuelle Zulieferer von Champion-Unternehmen gegen ihre Konkurrenz durchsetzen.

Qualität

Der Faktor Qualität wird hier am häufigsten angeführt. Knapp 60 % der von uns befragten Einkäufer nennen Qualität als entscheidenden Differenzierungsfaktor. Ihr Kunde muss sich auf die Qualität Ihrer Produkte nahezu blind verlassen können. Werden Fehler erst beim Endkunden erkannt, drohen teure und imageschädigende Rückrufaktionen. Aber auch wenn die Qualitätssicherung Ihres Kunden Fehler bereits bei der Eingangsprüfung entdeckt, sorgt das nicht nur bei Just-In-Time-Lieferungen für Ärger.

Einwandfreie Qualität von Zuliefererprodukten ist auch deshalb so wichtig, weil die Fertigungstiefe vieler Hersteller, sogar im Kreis der Champion-Unternehmen, geringer geworden ist und immer größere und komplexere Komponenten zugekauft werden. Fehler im Zuliefererprodukt haben dadurch bisweilen drastische Auswirkungen auf die Funktionalität des Endprodukts.

Praxistipp: Stabile Qualität

Der Wunsch nach bestmöglicher Qualität ist nicht neu und sicher nicht nur auf Champion-Kunden beschränkt. Allerdings erhöhen und erweitern sich die Anforderungen an die vertriebsseitigen Mitarbeiter der Zulieferer in einer Geschäftsbeziehung mit Champions. Deren Einkäufer erwarten nicht selten, dass ihre Ansprechpartner quasi persönlich Verantwortung für die gelieferte Qualität übernehmen. Das Wegdelegieren von Beschwerden bei Qualitätsmängeln an andere Stellen des Zulieferers wird den Vertriebsmitarbeitern zunehmend weniger verziehen. Gefragt sind Ansprechpartner, die selbst das Heft in die Hand nehmen und dazu auch ermächtig und befähigt sind. Champions mögen keine Verzögerungen und verschwenden ungern Zeit durch Kommunikation mit Ansprechpartnern, die sie nicht kennen und die womöglich nicht kompetent genug sind.

Als Kundenkontakter sollten Sie sich mit den Qualitätsmerkmalen Ihrer Produkte und Lösungen sowie mit den Prozessen der Qualitätssicherung in Ihrem Hause bestens auskennen und gute Kontakte zu den eingebundenen Akteuren pflegen. Die Qualitätssicherung muss auf Produkt- und auch auf Prozessebene gewährleistet sein. Bei Abweichungen müssen Sie schnellstens alles in die Wege leiten, was zur Wiederherstellung der Qualität führt. Lassen Sie Ihren Kunden sofort wissen, dass Sie handeln.

Einwandfreie und stabile Qualität ist eine Kernkompetenz erfolgreicher Zulieferer – und Mitarbeiter im regelmäßigen Kundenkontakt stehen als erste Ansprechpartner für dieses Leistungsversprechen ein.

Funktionierende Prozesse

Für jeden zweiten von uns befragten Einkäufer ist die Zuverlässigkeit seiner Lieferanten ein Top-Differenzierungsmerkmal. Damit ist in erster Linie hohe Liefertreue gemeint, aber auch Reserven für eventuelle Spitzenbelastungen können einen Champion-Zulieferer ausmachen.

Ebenso wichtig sind gute Erreichbarkeit (52 %), schnelle Reaktionen (35 %) und eine insgesamt gute Kommunikation (34 %). Außerdem werden in diesem Zusammenhang Problemlösungsfähigkeiten, gute zwischenmenschliche Zusammenarbeit und Offenheit eingefordert.

Praxistipp: Prozessexzellenz

Über den Fokus auf die Produktqualität darf niemals der jeweilige Prozess mit dem Kunden aus den Augen verloren werden. Im Umfeld von Hochqualitätsprodukten passiert das schnell, weil das Produkt alle Aufmerksamkeit auf sich zieht.

Die Lieferbeziehung ist quasi ein Leitprozess, der nicht nur effizient abgewickelt, sondern auch effektiv gesteuert und weiterentwickelt werden will. Hier liegt Ihre Chance zur Differenzierung: Erfolgreicher B2B-Vertrieb bedeutet, sich als ganzheitlich denkender und handelnder Dienstleister für seinen Kunden aufzustellen, weit über den eigentlichen Verkauf eines Produkts hinaus.

Denken Sie daran, dass für Champions etwaige Zertifizierungen und Qualitätssiegel meistens nur ein Formalkriterium zur Aufnahme von Geschäftsbeziehungen sind. Für Champions bleibt es entscheidend, dass exzellente Prozesse gelebt werden. Von Ihnen!

Preis-Leistungs-Verhältnis

Mit starker Tendenz bevorzugten die befragten Einkäufer nicht die billigste Lösung, sondern die günstigste. Rund die Hälfte der Studienteilnehmer nennt ein exzellentes Preis-Leistungs-Verhältnis als Differenzierungsfaktor Ihrer Zulieferer. Dabei darf bei aller Preissensibilität die Leistung, also Faktoren wie Qualität, Liefertreue, Funktionalität, nicht zu kurz kommen. Die Leistung – Ihre Leistung! – bildet für Champions eine wichtige Grundlage zum weiteren Ausbau ihres Wettbewerbsvorsprungs. Marktgewinner kaufen gesamtstrategisch und langfristig, Ihr Gesamtpaket aus Preis und Leistung entscheidet.

Andererseits erwähnt die andere Hälfte der Einkäufer das Thema Preis überhaupt nicht. Entweder ist in diesen Fällen alles ausgereizt, oder die Preissensibilität doch nicht vorhanden. In diesen Geschäftsbeziehungen dominieren jedenfalls andere Faktoren, möglicherweise bewegt man sich in Absatzmärkten mit per se sehr hohen Margen. Aber auch dann gäbe es in punkto Preisgestaltung noch Entwicklungsspielraum. Wenn der Champion diesen erkennt, sollten Sie gerüstet sein.

Praxistipp: Preisdifferenzierung

Professionalisieren Sie Ihr Preismodell, aktualisieren Sie es beständig und passen Sie es an die Bedarfe Ihrer Kunden an. Wenn Ihr Kunde beispielsweise nicht die Komplettlösung benötigt, konzentrieren Sie Ihre Angebote nur auf die Module, Produkte oder Leistungsparameter, die ihn interessieren. Einkäufer von Champion-Unternehmen sind inzwischen sensibilisiert für ausgefuchste Pricing-Modelle. Einfache Preisbündelungen etwa, lange Zeit eine Art Geheimwaffe, werden nicht mehr überall unbesehen akzeptiert.

Es ist nicht mehr unbedingt einfach, vorselektierte und dabei in Wirklichkeit standardisierte Leistungen im Paket zu verkaufen (und zu berechnen), die eventuell gar nicht vollständig in Anspruch genommen und Ihnen so ohne viel Mehraufwand einen netten Gewinn bringen. Service als integrierter Baustein etwa ist meistens sinnvoll, jedoch kein Selbstläufer. Ebenso wenig ist die Endbündelung ein Allheilmittel. Es kommt immer auf die Konstellation im Einzelfall und auf den Mehrwert an, den Ihr Kunde in Ihren Lösungen sieht. Es ist an Ihnen, diesen Mehrwert überzeugend zu vermitteln.

Versuchen Sie also, Ihre Marge möglichst intelligent und durch kundenspezifische Anpassungen zu erzielen. Außerdem erreichen Sie so mit etwas Glück einen angenehmen Nebeneffekt – je individueller Ihr Angebot ist, desto weniger kann man es direkt vergleichen. Vergessen Sie nicht, dass Preisdifferenzierung eine hohe Kunst ist, die vielen Chancen, aber auch Risiken birgt. Von Preisfehlern erholt man sich nicht so schnell! Daher gilt: Pricing gehört in Expertenhände und sollte vom Topmanagement begleitet werden.

Nachhaltige Entwicklung der Geschäftsbeziehung

Etwa 30 % der Einkäufer geben an, mit ihren aktuellen Zulieferern bereits eine ausgesprochen nachhaltige Zusammenarbeit erreicht zu haben, in der sich beide Seiten als langfristige Partner sehen, die sich gegenseitig entwickeln und unterstützen. Basis hierfür kann eine Kontinuität der Ansprechpartner bilden, die zu einem Wissens- und Erfahrungsvorsprung führt. Gemeinsame Forschung und Entwicklung sowie die Vernetzung von Komponenten bringen gemeinsame Lösungen hervor und integrieren den Zulieferer fest in die Lieferkette.

Umgekehrt bedeutet unser Befund aber auch, dass bei bis zu 70 % der Unternehmen unserer Studie die Zulieferer noch nennenswerte Verbesserungspotenziale heben können. Auch bei Champions ist offenbar die Verzahnung mit ihren Lieferanten noch längst nicht ausgereizt!

Praxistipp: Nachhaltige Geschäftsbeziehung

Seien Sie vorsichtig, wenn Sie auf kurzfristige Erfolge abzielen! Dann sind Champions eher nicht Ihre Kunden! Zwar möchte jeder Anbieter möglichst schnell möglichst viel verkaufen. Das erscheint zunächst legitim. Im Umfeld komplizierter technischer Produkte gilt das aber nur bedingt. Champions dürften auf den sprichwörtlichen ‚schnellen Deal' mit ‚heißem Preis' eher misstrauisch reagieren.

Gleichwohl können kurzfristig erhältliche Leistungen zu Einstiegskonditionen durchaus auch bei Champions auf Interesse stoßen. Begründen Sie ein schnelles Sonderangebot, so Sie es unterbreiten wollen, daher seriös und fundiert. Betonen Sie, dass Sie grundsätzlich an langfristigen Geschäftsbeziehungen interessiert sind.

Finden Sie heraus, welche Präferenzen Ihr Kunde hat und gehen Sie auf diese ein. Geben Sie ihm zu verstehen, dass Sie nicht nur verkaufen, sondern gemeinsam mit ihm eine für ihn optimale Lösung erarbeiten wollen, und zwar immer wieder aufs Neue. Manchmal gewinnt nicht der Zulieferer mit dem besten Produkt das Rennen, sondern derjenige, der langfristig das beste Gesamtpaket bietet.

Innovativität, Innovationsorientierung

Nur 20 % der Einkäufer erachten die Innovativität und Innovationsorientierung ihrer Zulieferer als entscheidendes Differenzierungsmerkmal. Das erscheint doch erstaunlich, denn Technologieführerschaft und eben Innovativität sind Merkmale von Champion-Unternehmen. Worin liegen die Gründe für die relative Nebensächlichkeit an dieser Stelle? Drei Szenarien sind die wahrscheinlichsten:

1) Zulieferer für Champions sind per se innovativ. Daher mögen sie sich in ihren Produkten und Lösungen unterscheiden, nicht aber im Grad der Innovativität an sich. Daher ist das reine Kriterium der Innovativität für Einkäufer kein herausragender Differenzierungsfaktor.

2) Weitere Antworten, die wir im Rahmen dieser Untersuchung an anderer Stelle gesammelt haben, lassen auf einen zweiten Grund schließen: Champions glauben, nicht maßgeblich auf originär innovative Impulse ihrer Zulieferer oder von Zulieferern überhaupt angewiesen zu sein. Sie betreiben sozusagen Innovation auf Bestellung nach den definierten eigenen Bedarfen – sind aber nur bedingt offen für ungefragt präsentierte neue Ansätze. Zumindest gilt das für die Einkäufer. Diese Haltung ist bemerkenswert gefährlich, da sie relativ unempfänglich für neue Trends macht. Daher sollten die Kundenkontakter des Zulieferers nicht vorschnell aufgeben, sondern sich eventuell andere Promotoren ihrer Innovationen beim Kunden suchen.

3) Viele Einkäufer haben weder die Zeit noch die Mittel, um systematisches Innovationsscouting zu betreiben. Daher kategorisieren sie Zulieferer nicht nach ihrer Innovativität und verfolgen deren diesbezügliche Aktivitäten nicht. Auch dieser Zustand ist zumindest in innovationsgetriebenen Märkten auf lange Sicht riskant, denn er eröffnet dem Wettbewerb unverhoffte Chancen. Wer den Einkauf systematisch in das Innovationsmanagement einbindet, hebt nun einmal brachliegendes Wertschöpfungspotenzial, sei es viel oder wenig. In Märkten mit kurzen Produktlebenszyklen oder regelmäßigen Innovationssprüngen kann auch ein Quäntchen über Erfolg und Misserfolg bestimmen.

Praxistipp: Innovationen strategisch einsteuern

Wenn Sie Innovationen anbieten, die Ihrem Kunden zwar weit reichende Vorteile bringen, jedoch ein ebenso großes Umdenken erfordern, dann steuern Sie Ihre Vorschläge behutsam ein. Gehen Sie eher nicht davon aus, dass Ihr Kunde sofort begeistert ist. Legen Sie die kurz- und langfristigen Vorteile Ihrer neuen Lösung verständlich und überzeugend dar. Nehmen Sie sich Zeit für die Präsentation, kündigen Sie diese auch entsprechend als Vorstellung einer wichtigen Innovation an. Versuchen Sie, die richtigen Ansprechpartner und Meinungsführer Ihres Kunden zu gewinnen. Und haben Sie Geduld, angesichts des grundsätzlichen Innovationszwangs von Champion-Unternehmen wird Ihr langer Atem wahrscheinlich belohnt werden.

Kundenkenntnis

Zulieferer kennen ihre Champion-Kunden mit ihren Bedarfen, spezifischen Umfeldbedingungen und Unternehmenszielen sehr genau, möchte man erwarten.

Und tatsächlich, die Einschätzungen der Einkäufer zeigen es: Die Kundenkenntnis der Zulieferer ist zum größten Teil mehr als zufrieden stellend – und bietet doch Spielraum für Verbesserungen.

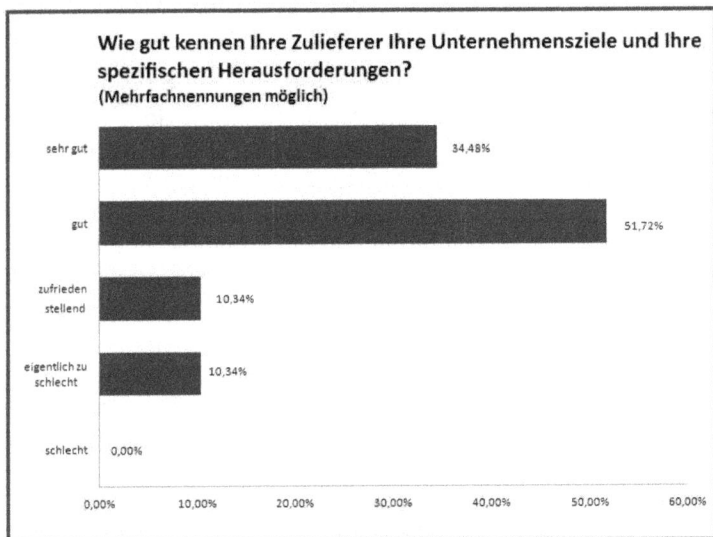

Wie gut kennen Ihre Zulieferer Ihre Unternehmensziele und Ihre spezifischen Herausforderungen?
(Mehrfachnennungen möglich)

sehr gut	34,48%
gut	51,72%
zufrieden stellend	10,34%
eigentlich zu schlecht	10,34%
schlecht	0,00%

0,00%   10,00%   20,00%   30,00%   40,00%   50,00%   60,00%

Ohne gute Kundenkenntnis kein gutes Geschäft

Kein einziges Champion-Unternehmen arbeitet mit einem Zulieferer, der seine spezifischen Herausforderungen „schlecht" kennt. Ferner ist zu vermuten, dass die zu je 10 % genannten Merkmale „eigentlich zu schlecht" und „zufrieden stellend" Zulieferer beschreiben, die vom Kunden aktuell gerne ausgetauscht würden. Diese müssen sich daher dringend intensiver mit den Bedürfnissen ihrer Kunden beschäftigen, um im Rennen zu bleiben.

„Gut" ist kein herausragendes Niveau.
„Gut" ist Standard!

34 % der Zulieferer kennen die markt- und produktseitige Situationen und Ziele ihres Kunden „sehr gut" und 52 % „gut". Das ist auf den ersten Blick eine beeindruckende Größenordnung, selbst wenn man die Möglichkeit von Mehrfachnennungen berücksichtigt. Denn nur zwei Teilnehmer haben überhaupt davon Gebrauch gemacht und selbst in diesen beiden Fällen wurden die Noten „sehr gut" und „gut" vergeben (und nicht etwa ein Gegenpol gebildet).

Woher kommt dieses außerordentlich hohe Niveau?

Schon im meist schnelllebigen B2C-Segment mit einer sagenhaften Floprate von bis 80 % vom Markt verschmähter Innovationen gilt die gründliche Marktforschung als ein Standardtool des erfolgreichen Produktmanagements. Im technischen B2B-Geschäft ist die Kenntnis der hochspezifischen, manchmal einzigartigen Kundenanforderungen schlicht unverzichtbar. Und diese bisweilen außerordentlich umfangreichen Informationen und Implikationen müssen für jeden Markt und auch jeden Kunden gesammelt, verarbeitet und praktikabel aufgearbeitet werden. Bei den Hidden Champions übernehmen das oftmals die Vertriebs- und Servicemitarbeiter selbst, keine Agentur. Wenn wir diese enge Beziehung auch zwischen Champion-Kunden und Zulieferern unterstellen, kann das Ergebnis unserer Studie nicht überraschen. Ein regelmäßiger Austausch zwischen den Akteuren beider Seiten dürfte automatisch zu einer mindestens „guten" Kenntnis der Kundenbedarfe führen, die dann die unabdingbare Basis für eine dauerhafte Geschäftsbeziehung bildet.

Exzellente Kundenkenntnis ist ein Schlüssel zum Erfolg

Ist das gesamte Echo auch sehr positiv, so kennt doch nur ein grobes Drittel der Zulieferer ihre Kunden „sehr gut". Aus weiteren Antworten auf unsere Fragen dieser Studie wissen wir, dass die Einkäufer in der großen Mehrheit Geschäftspartner bevorzugen, die sie technisch und wirtschaftlich weiter nach vorn bringen. Je besser Sie als Zulieferer den Markt des Kunden und auch seine direkten Bedarfe kennen, desto wertvollere Impulse zu Produkt- und Prozessverbesserungen und -entwicklungen können Sie liefern.

Dieses Ziel erscheint logisch und ist doch zumindest in einem technisch sehr dynamischen, vielleicht gar volatilen Umfeld eine echte Herausforderung. Zumal Ihre Wettbewerber im Rennen um die Gunst der Champions nicht zaudern, sondern vorpreschen dürften. Nicht nur mitdenken, sondern in die richtige Richtung vorausdenken und dies kundtun, verschafft Ihnen im Wettrennen um den Auftrag die entscheidenden Millimeter an Vorsprung beim Zieldurchlauf.

Praxistipp: Kundenkenntnis

Im Austausch mit Ihren Kunden erhalten Sie die wertvollsten Informationen durch direkte Rückmeldungen. Die regelmäßige Kommunikation mit dem Buying Center Ihres Kunden ist ohnehin essenziell, denn Sie werden von den Einkäufern recht schnell erfahren, wo ihnen der sprichwörtliche Schuh drückt. Arbeiten Sie daran, sich als vertrauenswürdiger, fachlich exzellenter Problemlöser zu positionieren, indem Sie jenseits der bloßen technischen Vorgaben auch die Zwischentöne wahrnehmen, weitere Bedarfe entdecken und aktiv über die kundenseitigen Unternehmensziele und Marktchancen sprechen. Je intensiver und auch persönlicher Ihr Kontakt zum Buying Center ist, desto ziel- und weiterführender wird auch der Informationsaustausch sein. Analysieren Sie für sich systematisch und regelmäßig, wie und wo Sie Ihren Kunden in seiner Entwicklung unterstützen können.

Informationen über Bedarfe und Bedürfnisse gewinnen Sie idealerweise, indem Sie mit verschiedenen Gesprächspartnern beim Kunden im Austausch stehen.

Praxistipp: Ganzheitliche Kundenbedürfnisse

Je nach Geschäftstyp und Unternehmensgröße sind im Industriebereich unterschiedlich viele Personen an Kaufprozess und -entscheidung beteiligt (lehrbuchmäßig zwischen 6 und 21), wenn auch teils mehr und teils weniger einflussreich. Je technisch spezieller ein geplanter Kauf ist, desto stärker sind die Fachabteilungen daran beteiligt. Mit der strategischen Bedeutsamkeit einer Investition steigt die Einbindung der Unternehmensführung.

Aber auch diejenigen, die Ihre Produkte nutzen oder weiterverarbei-
ten, spielen eine wichtige Rolle. Es liegt auf der Hand, dass diese
unterschiedlichen Bezugsgruppen auch verschiedene Kaufkriterien
mitbringen. Sie schätzen Trends und Entwicklungen jeweils aus ihrer
Perspektive ein. Hier liegt Ihre Chance: Als guter und flexibler Kom-
munikator können Sie auf die Bedarfe und persönlichen Bedürfnisse –
die manchmal entscheidenden Vorlieben – der Buying Center-Mitglie-
der eingehen. Im direkten Kontakt mit ihnen bekommen Sie praxis-
nahe Rückmeldungen über Ihre Produkte.

Ein plakatives Beispiel: Der Gabelstaplerfahrer kann den Sitz des von
Ihnen vermarkteten Staplers, auf dem er täglich viele Stunden ver-
bringt, hinsichtlich seiner Alltagstauglichkeit besser beurteilen als
der Einkaufsleiter.

Ihr Kunde wird es zu schätzen wissen, wenn Sie auch insofern seine Perspektive einnehmen, als Sie sich in seine Wettbewerbssituation hinein-
versetzen.

Praxistipp: Kunden Ihres Kunden

Mehrwert entsteht immer in einer Wertschöpfungskette. Diese Erkenntnis klingt banal und wird in der Praxis doch immer wieder ver-
nachlässigt. Fragen Sie sich, wo Sie und Ihr Kunde innerhalb der Wertschöpfungskette stehen. An wen verkauft Ihr Kunde und was verkauft
er? Mit dem Blick für die Belange der Kunden Ihres Kunden finden Sie
weitere Impulse und Anregungen für die Auslegung oder Anpassung
Ihrer Leistungen und Produkte.

Zur Kundenempathie gehört entsprechend auch der Blick auf den Markt,
in dem er sich befindet.

Praxistipp: Wettbewerber Ihres Kunden

Wo hat der Wettbewerb Ihres Kunden die Nase vorn und wo Ihr Kunde? Was sind die jeweiligen Erfolgsfaktoren? Nur wenn Sie die Antworten auf diese Fragen möglichst genau wissen, können Sie einen nennenswerten Mehrwert für die zukünftige Marktpositionierung Ihres Kunden bieten.

Ein weiterer wichtiger Baustein der Kundenexzellenz ist Ihr perspektivischer Blick auf den Markt Ihres Kunden.

Praxistipp: Technische und gesellschaftliche Trends

Insbesondere der Begriff Megatrend als Beschreibung einer weit reichenden, nicht zu stoppenden Entwicklung zirkuliert unbeirrt durch die Trendforschung und Erfolgsberatung. Wer Megatrends nicht erkennt, droht die Welt von morgen zu verschlafen. Die Digitalisierung etwa ist ein solcher griffiger Megatrend. Er revolutioniert und bedroht – nach allem, was man heute sagen kann – nicht jedes Produkt oder Geschäftsmodell. Aber gleichwohl ist er auch im B2B-Umfeld Geschäftsrisiko und -chance zugleich und nicht zuletzt der Antreiber für die Industrie 4.0/IoT-Bestrebungen.

Nehmen Sie sich mit Ihren Kollegen die Zeit, einmal das Geschäftsmodell Ihres Kunden im Lichte von branchenübergreifenden Megatrends wie auch spezifischen Trends zu betrachten. Sammeln Sie Ideen, brainstormen Sie! Sie werden wahrscheinlich überrascht sein, wie viele Ansatzpunkte Sie gemeinsam finden. Diese zu kategorisieren, zu priorisieren und dann auch überzeugend dem Kunden zu kommunizieren, ist freilich eine Herausforderung für sich. Dazu finden Sie weitere Ausführungen im Kapitel 6.

Störfaktoren und Defizite der Zulieferer

Hier liegt der Fokus auf den aktuellen Geschäftsbeziehungen der Champion-Unternehmen. Wie gut funktioniert die Zusammenarbeit mit aktuellen Lieferanten, welche Faktoren stören die Einkäufer?

Unsere Frage lautete: **„Welche Faktoren stören Sie an der Zusammenarbeit mit aktuellen Lieferanten in welchem Umfang?"**

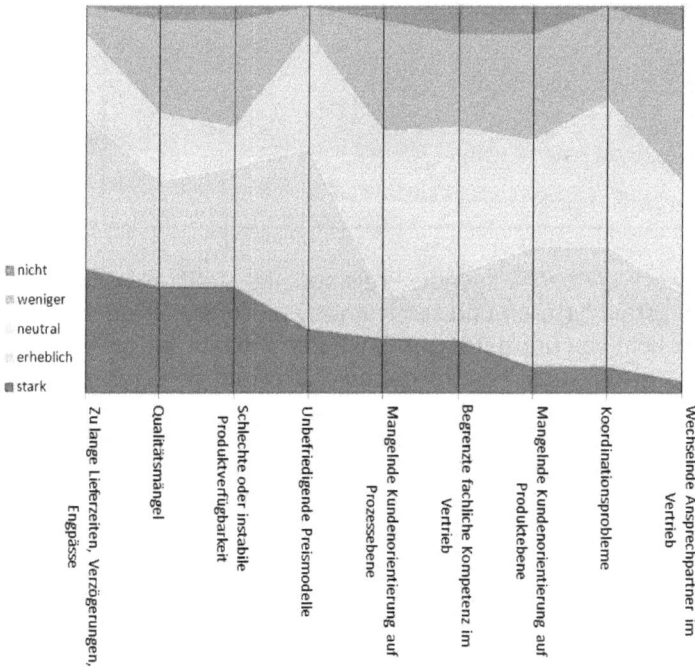

Legende:
- nicht
- weniger
- neutral
- erheblich
- stark

Kategorien:
- Zu lange Lieferzeiten, Verzögerungen, Engpässe
- Qualitätsmängel
- Schlechte oder instabile Produktverfügbarkeit
- Unbefriedigende Preismodelle
- Mangelnde Kundenorientierung auf Prozessebene
- Begrenzte fachliche Kompetenz im Vertrieb
- Mangelnde Kundenorientierung auf Produktebene
- Koordinationsprobleme
- Wechselnde Ansprechpartner im Vertrieb

Unbefriedigende Preismodelle

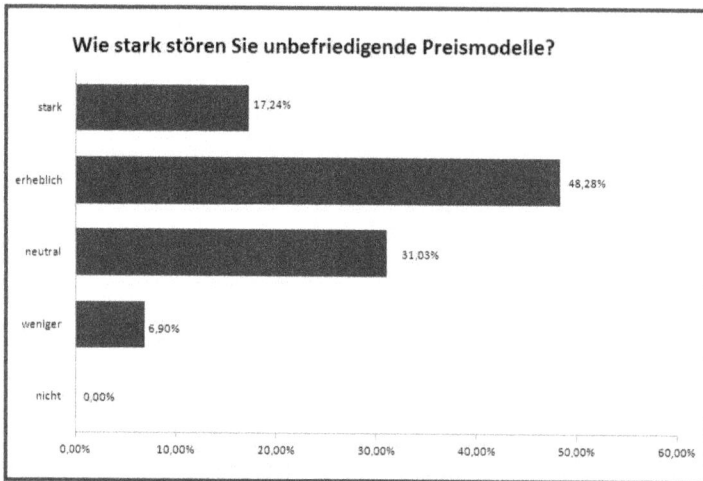

Wie stark stören Sie unbefriedigende Preismodelle?

stark	17,24%
erheblich	48,28%
neutral	31,03%
weniger	6,90%
nicht	0,00%

Beim Stichwort „unbefriedigende Preismodelle" fällt auf, dass diese zwar selten „stark" stören und somit Anlass zu großer Unzufriedenheit gäben. Aber kein von uns befragter Einkäufer gab hier an, sich an aktuellen Lieferpreisen „nicht" zu stören, nur 7 % stören sich „kaum" daran.

Die große Mehrheit der Einkäufer (48 %) stört sich durchaus „erheblich" an unbefriedigenden Preismodellen, „neutral" stehen 31 % den Einkaufspreisen gegenüber. Sicher – ein Einkäufer, der nicht gerne weniger zahlen würde, scheint wie ein Paradoxon. Insofern darf man die konstatierte Unzufriedenheit nicht überbewerten. Dennoch macht unsere Befragung hier deutlich, dass das Thema Preisbildung und Preissystematik nie zu vernachlässigen ist, und dass dies für Sie auch als langjährig gelisteter Zulieferer gilt. Wer mit dem Preis dauerhaft unzufrieden ist, schaut sich nach Alternativen um. Auch bei hochspezialisierten Produkten ist es nicht sicher, dass der Einkäufer langfristig ohne andere Bezugsquelle bleibt.

Praxistipp: Professionelles Preismanagement

Wir haben es im Kapitel zur Wettbewerbsdifferenzierung bereits erwähnt: Professionalisieren Sie Ihr Preismodell, aktualisieren Sie es beständig und passen Sie es an die Bedarfe Ihrer Kunden an. Gerade wenn Kunden sich wiederholt und deutlich über schlechte Konditionen beschweren, müssen Sie handeln. Denken Sie dabei nicht nur an einzelne Preise, betrachten Sie die Preisbildung im Rahmen eines ganzen Konditionensystems. Hier liegen für Sie wahrscheinlich die größten Chancen, denn systemhafte Konditionenpakete lassen sich nicht immer direkt mit dem Wettbewerb vergleichen. Wir wiederholen es gern: Preisbestimmung und Preismanagement gehören in Expertenhände, seien es interne oder externe.

Zu lange Lieferzeiten

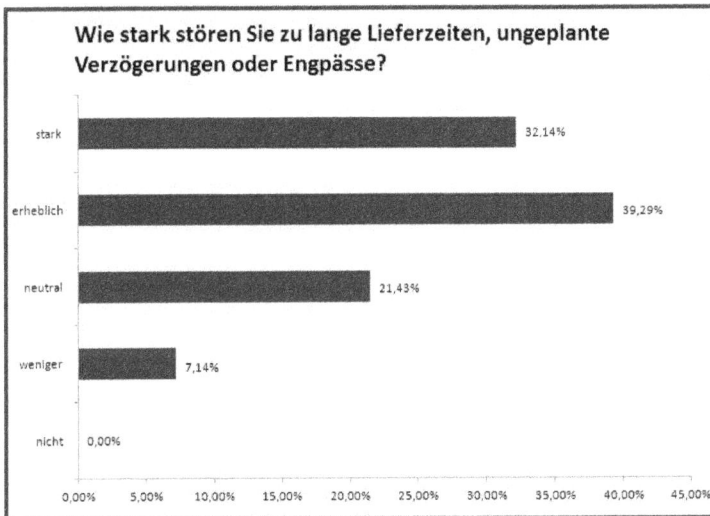

Wie stark stören Sie zu lange Lieferzeiten, ungeplante Verzögerungen oder Engpässe?

Kategorie	Wert
stark	32,14%
erheblich	39,29%
neutral	21,43%
weniger	7,14%
nicht	0,00%

Der zweite Aspekt, der fast jeden Einkäufer mehr oder weniger stört, sind zu lange Lieferzeiten. Stört „nicht", sagt niemand, stört „weniger", sagen 7 % der Befragten. Auch „neutral" sind hier nur 21 % der Einkäufer.

Wir können deutlich sagen: Zu lange Lieferzeiten sind im Industriebereich eines der stärksten Probleme in Lieferbeziehungen. Über 70 % der Einkäufer stören sich „stark" (32 %) oder „erheblich" (40 %) daran. Die Gründe für diesen Befund sind vielfältig.

Zunächst schrauben die Hersteller ihre Anforderungen und Erwartungen an den schnellen und bedarfsgerechten Lieferprozess durch Maßnahmen wie Just-In-Time, Just-In-Sequence, Ship-To-Line, kurzzyklische Materialversorgung und ähnliches oftmals so hoch, wie es eben geht. Maßnahmen der beschaffenden Unternehmen wie die Einforderung von Konsignationslagern oder gemeinsame Performance-Optimierungen mit Zulieferern steuern gegen die Engpassgefahr, dennoch bleiben die Zulieferer mit den erheblich gestiegenen Anforderungen konfrontiert.

Aus Sicht der Einkäufer stellen Zeit- und Bestandsreserven unnötige Aufwände dar, straffe Produktionsprozesse und möglichst wenig gebundenes Kapital sind ein gewichtiges Instrument für sie, um wettbewerbsfähig zu bleiben. Dieses Bestreben wird sich in Zukunft durch immer individuellere Kundenanforderungen noch verstärken. Der Gegentrend zur Reduktion von Komplexität in der Produktgestaltung und das immer weiter verbreitete Zurückstutzen von Variantenvielfalt wiegen die hohen Anforderungen an die Effizienz der Lieferkette übrigens nur sehr bedingt auf. Die Kernproduktgestaltung geben Champions nämlich ungern außer Haus, die Zulieferer haben hier nur wenig Einfluss.

Praxistipp: Exzellente Lieferprozesse

Reibungslose und effiziente Lieferprozesse sind eine Herausforderung für Kunden (Hersteller) und Zulieferer. Erfolgreich werden Sie sein, wenn Sie die hohen Ansprüche an Liefertreue und Qualität kraft eigener Kompetenz erfüllen können – und nicht der Kunde Ihnen die Lösung vorschreiben muss. Erfolgreiche Einkäufer binden Ihre Zulieferer gleichwohl zum beiderseitigen Vorteil in die Produkt- und Prozessentwicklung ein. Somit ist Ihre enge und kontinuierliche Vernetzung mit dem Abnehmer ein Schlüssel zum Erfolg.

Verbesserungswürdige Produktqualität

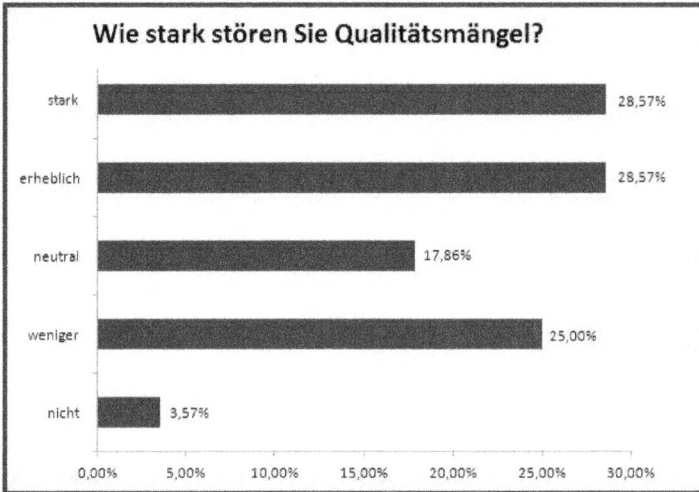

Wie stark stören Sie Qualitätsmängel?

stark	28,57%
erheblich	28,57%
neutral	17,86%
weniger	25,00%
nicht	3,57%

0,00% 5,00% 10,00% 15,00% 20,00% 25,00% 30,00%

Mehr als die Hälfte der Einkäufer beklagt sich explizit über Qualitäts-mängel. Wirklich zufrieden mit der Produktqualität seiner Zulieferer ist gerade einer von vier Einkäufern. Die Ursachen hierfür sind sehr vielfäl-tig und können an dieser Stelle nur angerissen werden.

Zunächst sorgen, wie schon angesprochen, abnehmende Fertigungstiefe beim Kunden sowie höhere Anforderungen an Schnelligkeit, Flexibilität und Innovativität der Zulieferer schlicht für zunehmende Komplexität. Eine Folge: steigendes Fehlerrisiko, auch am Produkt.

Es kommt vor, dass Hersteller – zumal selbst unter Innovationsdruck ste-hend – neue Modelle oder Komponenten unausgereift auf den Markt bringen, ohne zuvor etwa Kompatibilitätsprüfungen und Materialtests ausreichend durchgeführt zu haben. Hier trifft die Zulieferer manchmal allenfalls eine Teilverantwortung. Zugegeben sind zumindest die Hidden Champion-Hersteller von diesem Szenario nur sehr selten betroffen.

Die internationalen, oft weltweiten Absatzaktivitäten der Big und Hid-den Champions führen dazu, dass ihnen viele Zulieferer folgen und we-niger in Deutschland oder im nahen Ausland investieren. Immer stärker agieren sie transkontinental, besonders in den Emerging Markerts in Ost-/Südostasien und Südamerika sowie darüber hinaus natürlich in China.

Sie bauen völlig neue eigene Werke auf, zusätzlich zu den Produktions-stätten daheim, verlagern Produktionskapazitäten an lokale Partner o-der im Extremfall die gesamte Produktion. Noch immer werden dabei die Herausforderungen einer lokalen Produktion, möglicherweise sogar mit Anbindung an die globale Lieferkette, hinsichtlich Ressourcen-, Pro-zess-, Steuerungs- und Versorgungsrisiken gern unterschätzt. Qualitäts-probleme sind eine typische Folge.

Beispielhaft betrachtet: Automotive und Maschinenbau

Wir haben das Thema Produktqualität am konkreten Beispiel der Auto-mobilzulieferer genauer untersucht. Bis auf eine Ausnahme sind alle Au-tomobilzulieferer „stark" oder „erheblich" unzufrieden mit der Pro-duktqualität. Welche Gründe liegen hierfür nahe?

Sehr hohe Qualitätsansprüche sind nach aller Erfahrung im Automotive-Segment grundsätzlich nur schwer dauerhaft zu erfüllen. So gehören Rückrufaktionen mittlerweile zum Alltag, obwohl sie nur die Spitze des Eisbergs darstellen dürften. Häufige Modellwechsel oder die Steigerung von Stückzahlen durch Produktion an unterschiedlichen Standorten – ty-pische Phänomene in der Automobilindustrie – führen zu mehr Prototy-ping- und Anlaufphasen, was die Komplexität auch der Qualitätsvorga-ben nochmals erhöht. Das ist ein kaum zu beeinflussender Fakt.

Zudem besteht gerade im Automotive-Bereich seit Langem ein starker Preisdruck, den die Hersteller an ihre Tier 1-Zulieferer und diese wie-derum an ihre Lieferanten weitergeben. Wenn in diesem Gefüge der Preis eine zu große Rolle spielt, bleibt der Qualitätsanspruch irgend-wann auf der Strecke.

Die Konsequenz: In beiden Szenarien muss die zuliefererseitige Ver-triebstruppe eine sehr gute Kenntnis der eigenen Produkte und Prozesse mitbringen und sehr enge Beziehungen ins eigene Unternehmen unter-halten, etwa in die Abteilungen Produktion und Produktentwicklung. Andernfalls wird es selbst bei gemeinsamer Anstrengung schwer, Risiken vorab treffsicher einzuschätzen und Mängel rasch abzustellen. Offenbar bringt die globalisierte Produktion selbst das System der Champions an die Grenzen.

Nach bereits durchgeführten Verbesserungen

9 von 12 Unternehmen sind noch immer unzufrieden mit der Qualität, obwohl sie hier schon Verbesserungen vorgenommen haben. Dies betrifft die Automobilzulieferer ebenso wie die Maschinenbauer – es liegt hier also nicht etwa ein unrealistischer Anspruch der notorisch qualitätsorientierten Automobilindustrie vor. Vielmehr handelt es sich offenbar um ein generelles branchenübergreifendes Problem der Zulieferer.

Alarmierend für die Zulieferer sollte sein, dass ebenfalls 9 der 12 Unternehmen dieser Gruppe neue Lieferanten suchen, obwohl sie teilweise mit der Qualität nach erfolgten Verbesserungsmaßnahmen zufrieden sind. Natürlich mag es hier keinen direkten Zusammenhang geben. Vielleicht sucht der Champion neue Zulieferer, weil völlig neue Bauteile benötigt werden. Leider waren uns aufklärende Gespräche nicht möglich. In jedem Falle ist die Dynamik in der Zusammenstellung des Lieferantenportfolios bemerkenswert: Champions sind ebenso treu, wie sie neugierig auf neue Zulieferer sind.

Auf den ersten Blick verwundert es gleichwohl völlig, dass immerhin 7 der befragten Einkäufer bei aller Unzufriedenheit doch den Faktor Qualität als wichtiges Differenzierungsmerkmal ihrer aktuellen Zulieferer anführen. Wie passt das zusammen?

Zum einen gehen wir davon aus, dass die Einkäufer ihre Antworten nicht ins Verhältnis zu ihren Zulieferern insgesamt gesetzt, sondern eher binär geantwortet haben, nach dem Prinzip: Habe ich Lieferanten mit Qualitätsproblemen im Portfolio und wie unzufrieden bin ich mit ihnen? In diesem Falle stünden Zulieferern mit Qualitätsproblemen auch solche mit stabil gelieferter einwandfreier Qualität gegenüber. Die Unzufriedenheit der Einkäufer bezöge sich demnach nur auf einen Teil der Lieferanten, wenn auch womöglich auf einen großen.

Zum anderen ist es denkbar, dass die befragten Einkäufer zwischen Status-Quo und angestrebtem Ideal trennen. Demnach wären sie zwar mit dem Gros oder gar allen Zulieferern in punkto Produktqualität deutlich unzufrieden, sähen aber Entwicklungspotenzial. Diese Haltung entspräche zumindest dem Credo der Hidden Champions und wäre daher ebenfalls plausibel.

Dazu stellt sich die Frage, wie kritisch die Mängel tatsächlich sind. Aber selbst wenn wir annehmen, dass die bemängelten Qualitätsdefizite nicht unmittelbar kritisch sind, die Serienproduktion also läuft, bedeutet das keine Entwarnung für die Lieferanten. Vergessen wir nicht, dass die Einkäufer aller 7 Unternehmen, für die Qualität ein wichtiges Differenzierungsmerkmal ist, neue Zulieferer suchen. Selbst Hochqualitätszulieferer, deren Existenz wir in den Portfolien der Einkäufer unterstellen, können sich also nicht sicher fühlen.

Ein Wort noch zu den 5 Einkäufern, für die die gelieferte Qualität nicht das entscheidende Differenzierungsmerkmal ihrer Zulieferer darstellt. Spielt für sie das Thema Qualität etwa keine Rolle, haben wir hier ein Paradoxon entdeckt? Wir glauben, nein. Uns erscheint deutlich wahrscheinlicher, dass die Einkäufer den Hochqualitätsanspruch an Zulieferer als Voraussetzung einer Geschäftsbeziehung stellen. Demnach müssten sich alle Lieferanten als Hochqualitätsanbieter positionieren, um überhaupt ins Portfolio aufgenommen zu werden. Die Unterscheidungskriterien lägen dann etwa in der Produktfunktionalität, der räumlichen Nähe oder dem Preismodell. Insoweit vermittelt die Hervorhebung anderer Kriterien als der Qualität nur eine trügerische Sicherheit für Anbieter, die keine stabile Hochqualität liefern können.

Nur ein Champion aus der vorliegenden Untersuchung, ein Maschinenbauer, möchte trotz beklagter Qualitätsmängel keine neuen Zulieferer ins Portfolio aufnehmen. Entweder sind die Mängel nicht gravierend, oder aber die benötigen Bauteile so speziell, dass nur die einschlägigen Lieferanten sie herstellen können. Ausruhen auf ihrem Vorsprung sollten sie sich nicht.

Praxistipp: Hochqualität

Hochqualitätsprodukte sind Pflicht für jeden Lieferanten, der mit Champions Geschäfte machen möchte. Doch was, wenn es Qualitätsmängel gibt – und Mängelrügen kommen nach unseren Studienergebnissen durchaus häufig vor.

Auch wenn es schwer fällt und Sie sich vielleicht zu Unrecht kritisiert sehen: Kehren Sie Beschwerden nicht unter den Teppich. Und glauben Sie nicht, dass Champions auch nur über leichte Qualitätsmängel hinweg sehen. Qualitätsmängel sind auf Dauer tödlich, nur Offenheit, schnellste Reaktion und Kooperation bei der Lösungsfindung bewahren vor der Auslistung!

Zwar entwickeln Champions ihre Zulieferer, mit denen sie langfristig zusammenarbeiten möchten, partnerschaftlich. Aber sie sind nicht für ausgeprägte Geduld bei wiederkehrenden Fehlern oder Mängeln bekannt. Wer Qualitätsprobleme hat, muss sehr schnell und konsequent reagieren. Er muss den offenen Dialog mit dem Kunden suchen und gemeinsam eine Lösung erarbeiten.

Koordinationsprobleme

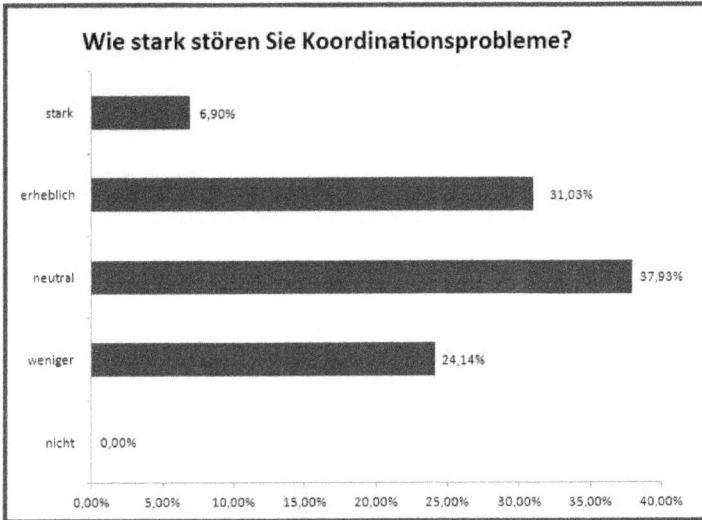

Wie stark stören Sie Koordinationsprobleme?

Kategorie	Wert
stark	6,90%
erheblich	31,03%
neutral	37,93%
weniger	24,14%
nicht	0,00%

Die Aussagen hier bilden ein disparates Bild: Während Extremwerte als Ausreißer vernachlässigbar sind, stören sich 31 % der Befragten „erheblich" an Koordinationsproblemen mit ihren Zulieferern, 24 % stören sich hingegen „weniger", „neutral" sind 38 %. Insoweit haben die Zulieferer bei einem knappen Drittel der befragten Unternehmen ihre Hausaufgaben offenbar gut gemacht. Bei einem knappen Viertel besteht hingegen offensichtliches Chaos.

Hochgerechnet ergibt sich eine doch bemerkenswerte Zahl an Lieferanten, die ihre Prozesse und Kundenkommunikation nicht annähernd so beherrschen, wie die Abnehmer sich das wünschen. Wer nicht effektiv und effizient arbeitet, bekommt mit seinen Champion-Kunden sehr bald Probleme. Wie zuvor bereits festgestellt: Champions sind nicht unbedingt geduldig, sie suchen sich Alternativen.

Praxistipp: Prozesskoordination

Arbeiten Sie proaktiv an definierten Abläufen mit zugewiesenen Ansprechpartnern und verantwortlichen Akteuren. So zeigen Sie Ihrem Kunden, dass Sie über die Produkte hinaus auch die eigene Organisation sehr ernst nehmen. Im Idealfall differenzieren Sie sich sogar vom Wettbewerb, der diesen Aspekt vielleicht nicht beachtet oder nicht zum Positiven wenden kann.

- Visualisierte Prozesse für das eigene Team,
- aussagefähige, strukturierte Angebote und Terminpläne,
- Vereinbarungen über Liefermengen und -termine oder
- Pflichtenhefte

strukturieren beispielsweise die Zusammenarbeit und reduzieren Koordinationsprobleme.

Mangelnde Kundenorientierung auf Produkt- und Prozessebene

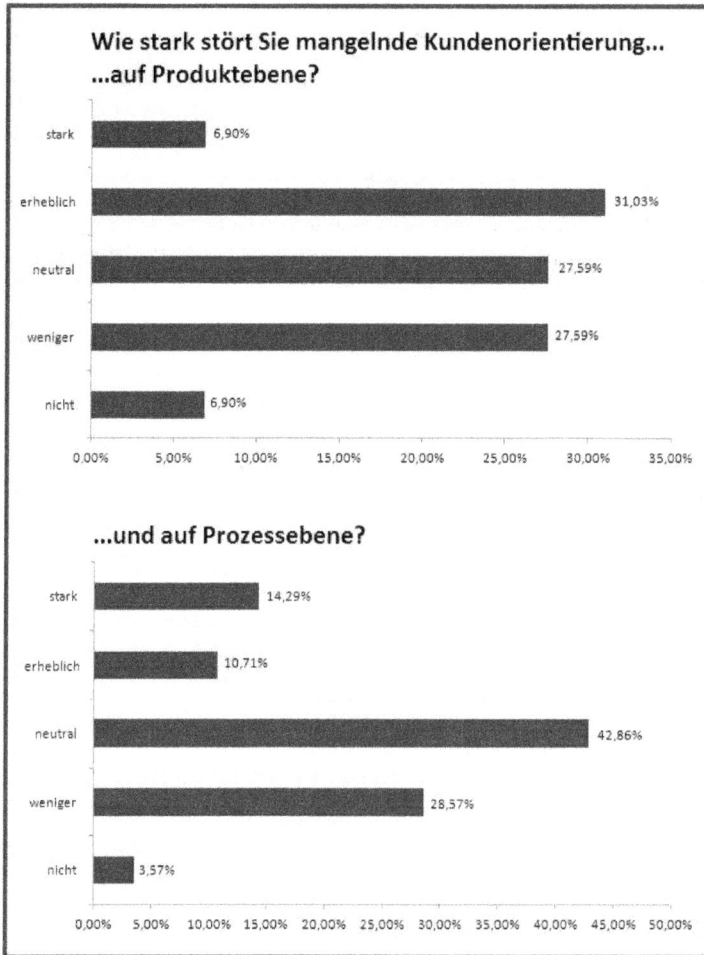

Wie stark stört Sie mangelnde Kundenorientierung...
...auf Produktebene?

stark	6,90%
erheblich	31,03%
neutral	27,59%
weniger	27,59%
nicht	6,90%

0,00% 5,00% 10,00% 15,00% 20,00% 25,00% 30,00% 35,00%

...und auf Prozessebene?

stark	14,29%
erheblich	10,71%
neutral	42,86%
weniger	28,57%
nicht	3,57%

0,00% 5,00% 10,00% 15,00% 20,00% 25,00% 30,00% 35,00% 40,00% 45,00% 50,00%

Wir haben bereits festgestellt, dass aus Einkäuferperspektive die Kundenorientierung – im erweiterten Verständnis – des Zulieferers zu den wichtigsten Erfolgsparametern gehört. Dementsprechend überrascht es zunächst nicht, dass die Mehrheit der Befragten mit der Kundenorientierung ihrer Lieferanten sowohl auf Produkt- als auch auf Prozessebene zufrieden ist.

Gleichwohl zeigt unsere Befragung hier einen Trend zur Disparität, so dass auch in diesem Bereich Potenziale für Lieferanten liegen. Deutlich sind nämlich die aggregierten Tendenzen: Fasst man die Kategorien „stört stark" und „stört erheblich" zusammen, so sind auf Produktebene doch 38 % der Befragten und auf Prozessebene immerhin noch 25 % mit ihren Lieferanten unzufrieden. Das ist mehr als nur eine Randgruppe und korreliert mit den Aussagen der Befragten an anderen Stellen, wenn man etwa Qualität, Liefertreue, Innovativität oder Kompetenz der Ansprechpartner unter Kundenorientierung subsumiert.

Diese Korrelation zeigt außerdem, dass unser mit dieser Frage angestrebter Lackmustest zur Gegenkontrolle funktioniert hat. Der Trend: ein Viertel bis über ein Drittel der Zulieferer muss deutlich an Kundenorientierung zulegen.

Praxistipp: Kundenorientierung

Wenn Sie Champions beliefern oder gar selbst einer sind, schläft Ihre Konkurrenz sicher nicht. Überlegen Sie, was Ihr Kunde unter „Kundenorientierung" versteht, welche Bedarfe er hat und welche Ziele er verfolgt. Wir erinnern an dieser Stelle nochmals daran, immer auch an die Kunden und Wettbewerber Ihres Kunden zu denken – wo bieten Sie als Lieferant welchen Mehrwert? Champion-Unternehmen schätzen es, wenn Sie mehr als den Standard anbieten, gut zuhören und die Wünsche und Prioritäten Ihres Kunden wirklich verstehen. Setzen Sie sich für die Bedürfnisse Ihres Kunden auch in Ihrem eigenen Unternehmen ein, werben Sie um Interesse, Verständnis und Einsatz. Spielen Sie zudem die zwischenmenschliche Karte, gestalten Sie die Zusammenarbeit fair und partnerschaftlich.

Fachliche Kompetenz im Vertrieb

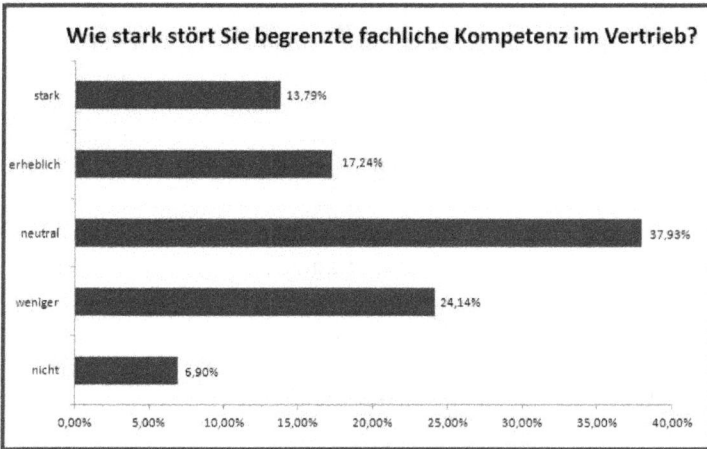

Wie stark stört Sie begrenzte fachliche Kompetenz im Vertrieb?

Kategorie	Wert
stark	13,79%
erheblich	17,24%
neutral	37,93%
weniger	24,14%
nicht	6,90%

Die Champion-Hersteller schätzen es, mit erfahrenen und kompetenten Ansprechpartnern des Lieferanten zusammenzuarbeiten, und das nicht nur im reinrassigen Vertrieb. Die Mehrheit der Einkäufer (69 %) ist in diesem Punkt auch nicht unzufrieden mit ihren Zulieferern. Gleichwohl: Fast jeder dritte Einkäufer stört sich derzeit an nur begrenzter Fachkompetenz seiner zuliefererseitigen Ansprechpartner.

Freilich ist es nahezu unmöglich, dass der originäre Vertriebler in technisch anspruchsvollen, komplexen Lieferbeziehungen auf alle denkbaren Fragen und Probleme vorbereitet ist. Da die Geschäftsbeziehungen im industriellen Bereich eigentlich immer von Teams (Buying- und Selling-Center) gestaltet werden, sollten aber in aller Regel fachlich kompetente Ansprechpartner rasch eingreifen können. Offenbar ist hier das untere Drittel der Zulieferer nicht hinreichend gut aufgestellt.

Nicht zu unterschätzen ist die psychologische Komponente. Wir haben aufgezeigt, dass erfolgreicher B2B-Vertrieb weit komplexere Anforderungen an die Akteure stellt als nur die klassischen kommunikationsbezogenen Verkäufer-Fähigkeiten. Ein in persönlicher Hinsicht gewinnendes, souveränes Auftreten ist gleichwohl Pflicht. Es wird erwartet und ebnet den Weg.

Praxistipp: Fachkompetenz

Wenn Sie fachlichen Nachholbedarf haben, dann eignen Sie sich das erforderliche Wissen so schnell wie möglich an. Champion-Kunden schätzen kompetente Ansprechpartner ungemein, allein schon deshalb, weil man durch die rasche Klärung eines Sachverhalts möglichst wenig Zeit verliert. Champions hassen Verschwendung!

Sollte es Ihnen unmöglich sein, das fachliche Defizit aufzuholen, dann bringen Sie einen fachkompetenten Kollegen ins Spiel. Der Auftritt als Duo empfiehlt sich auch bei Akquisegesprächen, in denen die Kundenerwartung noch nicht klar ist. Sich nur für einen Termin in komplexe Themen einzuarbeiten, um für alle Fragen gewappnet zu sein – das wäre auf die Dauer doch zu aufwändig. Da ist der doppelte Einsatz effektiver und wird sich allemal lohnen, wenn es um hochvolumige Geschäfte geht.

Oft zeigen Kunden über gezielte Einwände ihr Interesse, durch überzeugende Antworten gewinnen Sie Vertrauen. Mit guter Produktkenntnis und dem Wissen, welche Lösung optimal zu Ihrem Kunden passt, können Sie beweisen, dass Sie Ihr Fach verstehen.

Erforderlich ist zum einen, dass Sie sich tatsächlich in Ihrem Metier sehr gut aus auskennen (was wir voraussetzen), zum anderen kommt auch hier Ihre Schnittstellenfunktion wieder zum Tragen. Informationen, die Sie nicht sofort besitzen, beschaffen Sie kompetent, z.B. aus Fachabteilungen in Ihrem Unternehmen.

Intensität der Interaktion

Die intensive Interaktion mit ihren Zulieferern ist für Champion-Unternehmen von äußerster Wichtigkeit. 40 % der Einkäufer stehen täglich und 60 % mindestens wöchentlich mit ihren verschiedenen Lieferanten in Kontakt (Mehrfachnennungen erlaubt).

Dieses Ergebnis zeigt auf beeindruckende Weise, dass nur eine sehr intensive Kommunikation, ja ein ständiger Kontakt, zur erfolgreichen Zusammenarbeit mit Champions führt. Selbst die meisten technischen Einkäufer, die sich ausschließlich auf Investitionen in Maschinen und Anlagen konzentrieren, halten wöchentlichen Kontakt mit ihren Zulieferern. Wenigen reicht der monatliche Kontakt, wobei hier davon auszugehen ist, dass zum Zeitpunkt unserer Studie keine Großinvestition projektiert war (soweit wir dies recherchieren konnten).

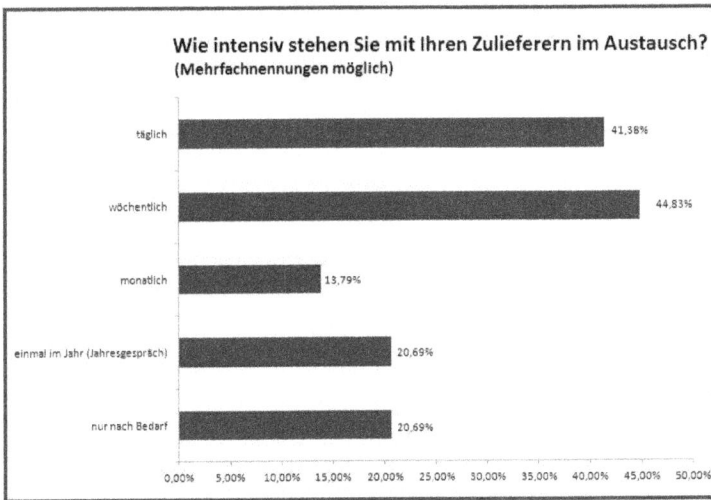

Wie intensiv stehen Sie mit Ihren Zulieferern im Austausch?
(Mehrfachnennungen möglich)

Kategorie	Wert
täglich	41,38%
wöchentlich	44,83%
monatlich	13,79%
einmal im Jahr (Jahresgespräch)	20,69%
nur nach Bedarf	20,69%

0,00% 5,00% 10,00% 15,00% 20,00% 25,00% 30,00% 35,00% 40,00% 45,00% 50,00%

Die Kommunikationskanäle

Die meisten Einkäufer bevorzugen auch im digitalen Zeitalter das persönliche Gespräch, jedoch wird dieses aus Praktikabilitätsgründen viel seltener als gewünscht durchgeführt.

Hinsichtlich der Kommunikationskanäle zum regelmäßigen Austausch ergeben sich keine klaren Unterschiede zwischen Telefon und E-Mail. Beide Instrumente werden intensiv genutzt. Das Telefon ist für 45 % der Befragten das meistgenutzte Medium, die E-Mail nutzen 43 % am häufigsten.

Interessant ist dieses Ergebnis vor dem Hintergrund häufig publizierter Studien, wonach Manager an ihren E-Mails zu ersticken drohen. Im Kreis unserer Probanden hat sich niemand explizit beschwert und die Statistik lässt keinen klaren Überhang der E-Mail-Nutzung erkennen. Möglicherweise gelingt es Einkäufern, den Kommunikationsfluss besser zu lenken. Schließlich sind sie es nicht selten, die am längeren Hebel sitzen und stärkeren Einfluss auf die Regeln nehmen – es sei denn, der Lieferant agiert in einem Zuteilungsmarkt.

Die Intensität und Häufigkeit der Kommunikation mit den Zulieferern fällt auf, sogar weitgehend unabhängig vom eingesetzten Medium. Ist dieses Kommunikationsverhalten also ein unbedingter Erfolgsfaktor? Vieles deutet darauf hin! Weitere Analysen von Antworten der befragten Einkäufer geben konkrete Anhaltspunkte und Erklärungsmuster, die wir im Folgenden vorstellen:

Engagement und Verpflichtung

B2B-Zulieferbeziehungen sind häufig komplexe, nicht-standardisierte Projekte, und dies bringt besondere Anforderungen an die Organisation der Zusammenarbeit mit sich. Hier spielen wiederum verschiedene Dimensionen und Aspekte der Zusammenarbeit eine Rolle.

Für die Angebotsphase werden strukturierte Prozesse festgelegt, etwa dass auf Anfragen des Einkäufers innerhalb eines angemessen kurzen Zeitraums ein Angebot vorliegen muss, welches genau definierte Kriterien hinsichtlich seiner Aussagekraft erfüllen muss.

Kommt es zur Zusammenarbeit, werden Liefermengen und Liefertermine festgelegt. Abläufe und Verantwortlichkeiten werden von Champions auch im digitalen Zeitalter per Pflichtenheft vereinbart. Sie überlassen nichts dem Zufall.

Die Einkäufer der Champions wissen, dass das Projektmanagement ihrer Lieferbeziehungen bestmöglich strukturiert sein muss, um Ineffizienzen, Missverständnisse und Ressourcenverschwendung zu minimieren. Sie haben erkannt, dass eine intensive Kommunikation mit den Lieferanten die entscheidenden Effektivitätsvorteile bringt.

Praxistipp: Organisation und Koordination

Unterstützen Sie Ihren Kunden bei der Organisation und Koordination aller Prozesse und Meilensteine der gemeinsamen Geschäftsbeziehung. Positionieren Sie sich als ganzheitlicher Problemlöser, über den Status des Produktspezialisten und Verkäufers hinaus. Nicht nur Ihr Kunde, auch Sie profitieren davon, wenn Unklarheiten oder Missverständnisse auf beiden Seiten vermieden werden. Es wird sich in Ihrem Unternehmen herumsprechen, dass Ihre Projekte besonders reibungslos verlaufen.

Auch der Klassiker des Pflichtenhefts hat Vorteile für Sie. Abgesehen von den reinen Leistungen oder Funktionsmerkmalen können sie finanziell, zeitlich sowie personell planen und im Bedarfsfall belegen, wie Sie gut Ihren Kunden unterstützen.

Zudem sind Sie vor überraschenden Veränderungen, spontanen Forderungen oder Umorganisationen geschützt. Schließlich: Nicht selten schafft schon der Erstellungsprozess des Pflichtenhefts Klarheit über den tatsächlichen Bedarf des Kunden und ist daher Teil der Lösungsfindung.

Zusammenarbeit auf Produkt- und Prozessebene

Champion-Einkäufer und erfolgreiche Zulieferer entwickeln im Laufe der Zeit eine immer intensivere und konzeptionsorientierte Zusammenarbeit, wenn einmal die Voraussetzungen dafür geschaffen und die geforderten Strukturen hinsichtlich Kommunikation, Zuverlässigkeit und Flexibilität geschaffen sind. Im Idealfall entwickeln Champions ihre Lieferanten ebenfalls zu Champions. Vereinzelt haben Untersuchungen bereits auf dieses Phänomen hingewiesen, in unserer Studie wird dieses Phänomen erneut bestätigt.

Ein kundenorientierter Zulieferer bietet seinem Kunden idealerweise Fachwissen über bestehende Produkte hinaus. Wenn für Kernprodukte des Kunden essenzielle Teile oder Baugruppen geliefert werden, arbeiten manche Lieferanten sogar in integrierten Teams gemeinsam mit dem Kunden an neuen Entwicklungen und Lösungen auf Produktebene.

Aber auch auf Prozessebene spielen sich die Abläufe ein und werden in regelmäßigen Abständen evaluiert und verbessert. In einer funktionierenden Champion-Geschäftsbeziehung, die das Kernprodukt beziehungsweise die Kernkompetenz des Champions betrifft, ziehen Lieferant und Kunde am gleichen Strang, denn die Verwobenheit auf Produktebene zwingt beide Parteien zur multidimensionalen Kooperation. Andernfalls droht dem Kunden langfristig der Verlust seiner Champion-Position und dem Zulieferer herbe Geschäftseinbrüche. Im gemeinsamen Austausch werden kontinuierliche Einsparpotenziale identifiziert, Effektivitätssteigerungen erzielt sowie technologische Neuheiten und damit relevanter Mehrwert entwickelt.

Praxistipp: Kapazitäten für Kundenorientierung

Als Kundenkontakter müssen Sie in der Lage sein, bei Bedarf die ganzheitliche Sicht einzunehmen – bloßes Produktwissen reicht nicht. Ihr Champion-Kunde möchte mit Ihnen mindestens Produkt und Prozess, im Extremfall sein ganzes Geschäftsmodell optimieren. Damit diese dauerhafte, intensive Zusammenarbeit mit Ihrem Kunden funktioniert, müssen Sie Kapazitäten dafür frei halten beziehungsweise sich genehmigen lassen.

Die Vertriebsmitarbeiter müssen in der Lage sein, regelmäßig mit dem Kunden zu kommunizieren, Anliegen und Anfragen schnell zu bearbeiten und gemeinsam mit dem Kunden Lösungen auf Produkt- und Prozessebene zu entwickeln. Das funktioniert weder mit der minimalen Mannschaftsstärke noch mit der minimalen Aufmerksamkeit. Anders ausgedrückt: Klassisches Lean Management wäre hier fehl am Platze, aber gleichwohl müssen sich die Vertriebsmitarbeiter voll auf das Wesentliche konzentrieren können. Der erfolgsorientierte Zulieferer muss das berücksichtigen und dem Vertrieb nicht zu viele andere Aufgaben, etwa in der Verwaltung und Datenpflege, übertragen.

Je größer der Champion, desto mehr Einfluss nimmt er

Die Interaktion zwischen Champion und Zulieferer kann bedeutende Folgen für den Zulieferer haben. Größere Champion-Unternehmen (in dieser Studie ab ca. 1.000 Mitarbeiter) denken tendenziell in größeren Zusammenhängen und greifen entsprechend weit reichend bei ihren Zulieferern ein. Das ist die entscheidende Chance für den Zulieferer, in allen geforderten Dimensionen mit zu wachsen und selbst den Champion-Status zu erreichen oder noch zu verbessern.

Zulieferer, die ihren Champion-Kunden konsequent folgen, müssen mit folgenden typischen Eingriffen, Vorgaben und Instrumenten rechnen:

- Veränderung der örtlichen Präsenz des Zulieferers, etwa um Konsignationsläger errichten
- gemeinsame Technologie- und Produktentwicklung schon im Frühstadium und mit entsprechendem Datenaustausch
- konkrete Optimierung des Produktdesigns, zur Kostensenkung wie auch zur Funktionserweiterung
- Verankerung der eigenen Unternehmensziele und wichtiger kultureller Merkmale im Denken und Handeln des Zulieferers
- detaillierter Angebotsprozess mit knappen Einreichungsfristen einschließlich Cost-Breakdown und Liefertterminplan
- Optimierung der gesamten Lieferkette des Zulieferers über die Produktion hinaus bis in das Beschaffungswesen
- Lieferantenbewertungssystem als Plattform für strategischen Austausch (und nicht nur als Selektionskriterium)
- Analyse und Optimierung der Prozesskosten mit schonungsloser Plausibilisierung und möglicherweise sehr unpopulären neuen Vorgaben
- umfassender Austausch zur gesamten Leistung des Zulieferers und daraus abgeleitete Maßnahmen zur Fokussierung oder Ausweitung des Portfolios nebst Ansiedelungs-, Produktions- und Beschaffungsstrategie.

Die Liste der Maßnahmen ist also lang und reicht von der Offenlegung bestimmter Kalkulationen über die Änderung von Prozessen bis hin zur Einflussnahme auf die Unternehmenskultur. Ist das für die Zulieferer leicht hinzunehmen, trotz der Erfolgsaussichten? Nach allen unseren

Einblicken: nein. Wer legt schon gern seine Kalkulation offen, selbst wenn wir unterstellen, dass sich gewitzte Zulieferer der Totalkontrolle durch Tricks entziehen. Wer möchte seine Werthaltungen von jemand anderem ändern lassen? Wer, um es auf den Punkt zu bringen, lässt sich schon gern in seiner Selbstbestimmung einengen!

Aber lohnt sich der Aufwand für die Zulieferer? Die Praxis zeigt mehrheitlich: ja! Der Weg zum Champion ist steinig und manchmal über viele Jahre hinweg mit großen Mühen verbunden. Aber er ist der einzig gangbare, um bestmöglich die langfristige eigene Existenz zu sichern.

Champions suchen fast immer neue Zulieferer

Die intensive und fruchtbare Zusammenarbeit ist dennoch keine Garantie dafür, dass zwischen Einkäufer und Zulieferer eine unverwundbare Symbiose eingegangen wurde. Zum Zeitpunkt unserer Analyse planen vier von fünf Einkäufern, neue Zulieferer in ihr Portfolio aufzunehmen und befinden sich aktiv im Ausschreibungsprozess. In diesem Zusammenhang wird die regelmäßige Kommunikation mit Zulieferern der fortwährenden Bewertung und Orientierung dienen. Das liegt auf der Hand: Wenn ein Einkäufer mit mehreren bestehenden und potenziellen Zulieferern spricht, weiß er immer, wer gerade die besten Produkte, Lösungsansätze und Konditionen bietet.

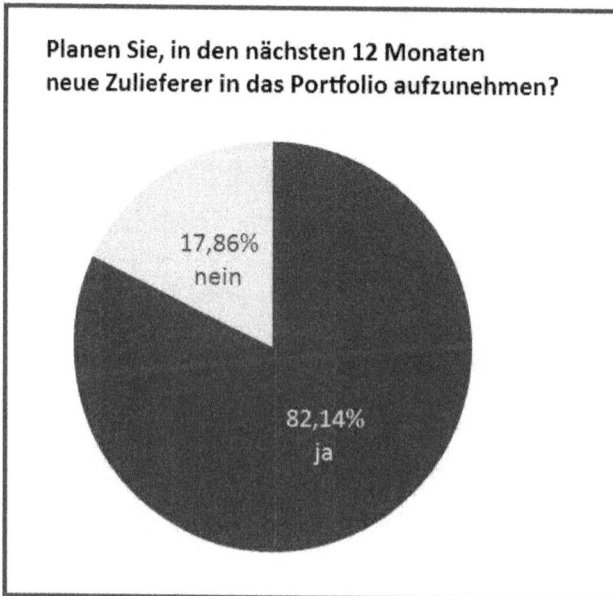

Planen Sie, in den nächsten 12 Monaten neue Zulieferer in das Portfolio aufzunehmen?

17,86% nein

82,14% ja

Trotz teils sogar längerfristiger Produktions- und Modellzyklen sind die Einkäufer der Champions also offen für neue Geschäftspartner. Entweder, weil Produkte oder das Portfolio erweitert werden, was für bestehende Zulieferer zunächst keine Bedrohung darstellt. Anders sieht es aus bei einem konkret angestrebten Austausch, etwa weil ein bestehender Zulieferer nicht alle produktseitigen Erwartungen erfüllen kann, die Kooperation sich auf Prozessebene nicht optimal entwickelt oder Preise nicht länger akzeptiert werden. Manche Einkäufer schließlich nutzen Alternativen eher als Drohkulisse, um die bestehenden Lieferpartner unter Druck zu setzen und zu sehen, ob man nicht doch noch weitere Zugeständnisse erreichen kann.

Übrigens: Manche Champions aus unserer Studie strichen während ihrer Suche nach neuen Zulieferern das Portfolio an bestehenden Zulieferern zusammen! Unter dem Strich also fand eine Straffung statt, es gibt somit keine direkte Korrelation zwischen der Suche nach neuen Zuliefern und Bestandssicherheit für Stammzulieferer. Kein Zulieferer sollte sich also in falsche Sicherheit wiegen!

Praxistipp: Kontinuierlich hohes Leistungsniveau

Champion-Einkäufer sind also fast immer offen für neue Zulieferer – für Ihre Neukundenakquise stehen die Chancen gut, es gibt mehr Einstiegsfenster bei Champions als Sie vielleicht vermuten. Zugleich müssen Sie stetig an Ihrer Geschäftsbeziehung zu Ihren bestehenden Champion-Kunden arbeiten. Den Klassiker, über die Neukunden die Bestandskunden zu vergessen, sollten Sie unter allen Umständen vermeiden.

Zuverlässig beste Qualität liefern, kompetente und faire Preismodelle entwerfen und mittragen, schnell und fundiert kommunizieren und vor allen Dingen gut zuhören und dienstleistungsorientiert die Bedürfnisse Ihres Kunden erfüllen und seine Probleme lösen – durch diese Leistungen minimieren Sie das Risiko, von anderen Anbietern verdrängt zu werden. Sicher sein können Sie sich aber nie, auch wenn zumindest bei den mittelständischen Hidden Champions meist das Wort gilt. Bleiben Sie auf alles gefasst und vor allem pro-aktiv am Ball!

Persönliche Qualifikation/ Mitarbeiterkompetenzen

Welche Verhaltens- und Managementmerkmale der Vertriebsmitarbeiter bzw. der zulieferseitigen Mitarbeiter/ Ingenieure/Experten im gemeinsamen Projektmanagement sind Einkäufern besonders wichtig?

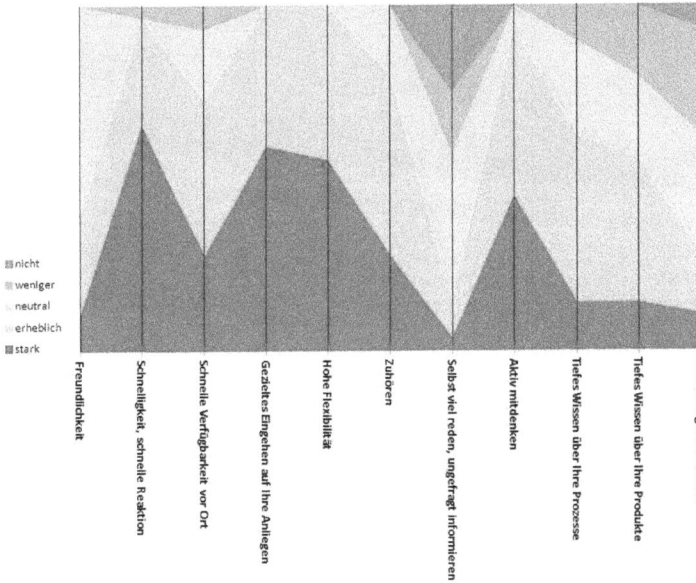

nicht
weniger
neutral
erheblich
stark

Freundlichkeit
Schnelligkeit, schnelle Reaktion
Schnelle Verfügbarkeit vor Ort
Gezieltes Eingehen auf ihre Anliegen
Hohe Flexibilität
Zuhören
Selbst viel reden, ungefragt informieren
Aktiv mitdenken
Tiefes Wissen über ihre Prozesse
Tiefes Wissen über ihre Produkte
Initiativ Angebote machen

Der Faktor Mensch spielt in Lieferbeziehungen eine große Rolle, und zwar über die Vertriebsmitarbeiter hinaus, bis tief in die Organisation des Zulieferers. Im Erfolgsfall arbeiten auf beiden Seiten Führungskräfte unterschiedlicher Hierarchieebenen und Experten wie auch Sachbearbeiter unterschiedlicher Qualifikation eng und verantwortungsvoll zusammen. Sie meistern die Herausforderung, komplexe Beschaffungsprozesse partnerschaftlich und dabei höchst effektiv auszuführen und beständig zu justieren.

Unsere Befragung zeigt deutlich: Schnelligkeit, Kompetenz und Dienstleistermentalität sind in diesen Prozessen als persönliche Eigenschaften der Akteure besonders gefragt.

Schnelligkeit

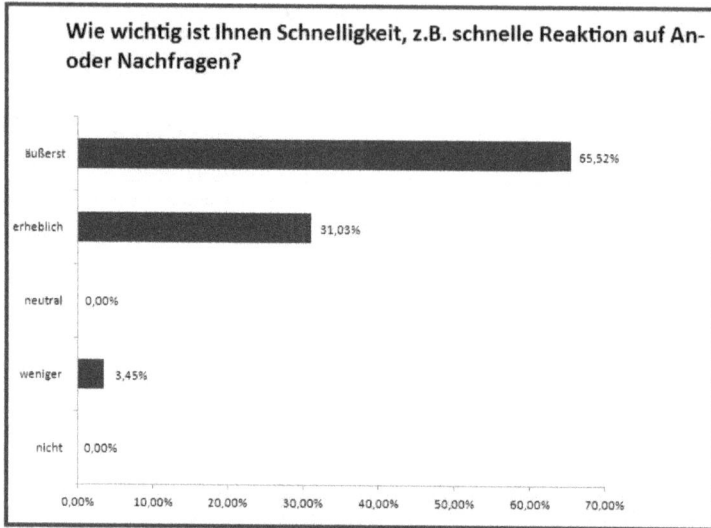

Wie wichtig ist Ihnen Schnelligkeit, z.B. schnelle Reaktion auf An- oder Nachfragen?

äußerst	65,52%
erheblich	31,03%
neutral	0,00%
weniger	3,45%
nicht	0,00%

Auch in den erwünschten persönlichen Eigenschaften genießt „Schnelligkeit" die höchste Priorität, wenn man die Nennungen der höchsten Wichtigkeitsstufe heranzieht (66 %). Keine Eigenschaft wird höher bewertet: Für überwältigende 97 % der Einkäufer ist schnelle Reaktionen „äußerst" (66 %) oder „erheblich" (31 %) wichtig. Die besondere Bedeutung der Schnelligkeit zieht sich also durch diese Studie und beeindruckt durch die Deutlichkeit, mit der diese Eigenschaft gefordert wird.

Unser Befund zeigt damit auch, dass viele Zulieferer hier noch erheblichen Nachholbedarf haben. Offenbar läuft selbst in der heutzutage verbreiteten und oft mehrjährig eingeübten Just-In-Time-Lieferkette noch vieles nicht wunschgemäß. Es wird zu viel Zeit verschwendet.

Man kann es nicht oft genug wiederholen: Champions dulden weder Zaudern noch Trägheit – nicht in Prozessen und nicht im Verhalten ihrer Ansprechpartner! Die Kundenkontakter der Zulieferer sollten nicht zu viel abwägen, diskutieren oder sich bei ihrer Organisation rückversichern. Das gilt allzumal, wenn der Kunde bereits in seinem Zeitplan zurückliegt oder gar eine Reklamation bearbeitet werden muss.

Jegliche Mitarbeiter mit Kundenkontakt sollten dem Kunden das Gefühl geben, sein Anliegen über eventuelle eigene bürokratische Hürden oder Unwägbarkeiten zu stellen. Champions mögen keine ständigen Rückversicherer oder Bedenkenträger, ebenso wenig allerdings Schönredner. Sie bevorzugen Ansprechpartner, die Verantwortung übernehmen und zupacken.

Wenn Sie Ihrem kundenseitigen Ansprechpartner auf eine Anfrage kurzfristig keine zufriedenstellende Antwort geben können, sollten Sie also ehrlich sein, aber die fehlende Information schnellstmöglich einholen.

Schnelligkeit ist damit eine entscheidende Kernkompetenz, um selbst zum Champion aufzusteigen oder es zu bleiben.

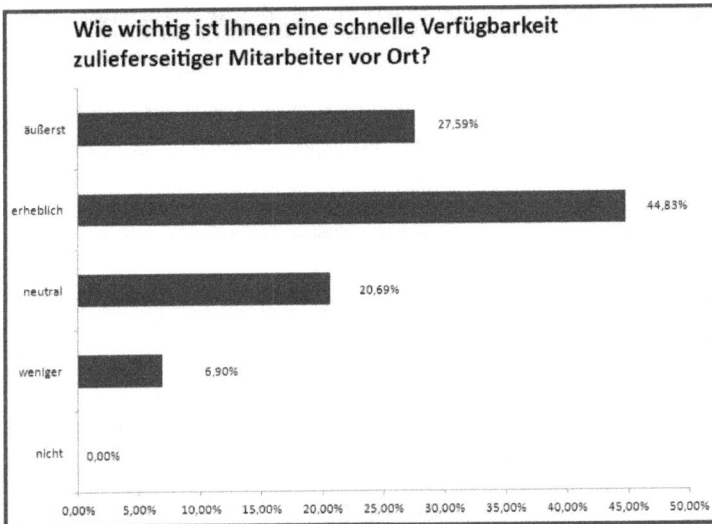

Wie wichtig ist Ihnen eine schnelle Verfügbarkeit zulieferseitiger Mitarbeiter vor Ort?

Kategorie	Wert
äußerst	27,59%
erheblich	44,83%
neutral	20,69%
weniger	6,90%
nicht	0,00%

Etwas weniger wichtig ist die schnelle Verfügbarkeit vor Ort, die wir ebenfalls abgefragt haben. Doch legen immerhin 73 % der Einkäufer hierauf besonderen Wert („äußerst wichtig" 27 %, „erheblich wichtig" 45 %). Diese Präferenz hängt selbstverständlich eng mit den jeweils spezifischen Situationen und Produkten innerhalb der Lieferbeziehungen zusammen. Hier herrscht im produktaffinen Industriegüterumfeld häufig immer noch Präsenzpflicht.

Praxistipp: Erlebbare Schnelligkeit

Die klare Regel: Seien Sie schnell und zeigen Sie es! Schaffen Sie für sich die organisatorischen Voraussetzungen, um auf An- oder Nachfragen Ihrer Kunden schnell reagieren zu können. Wenn Sie gerade an mehreren Fronten parallel im Einsatz sind, reservieren Sie ein tägliches Zeitfenster für die Betreuung von Bestandskunden und bearbeiten Sie in der Zeit entweder Anfragen oder entwickeln Sie strategische oder operative Maßnahmen, um Ihren Kunden auch zukünftig optimal zu unterstützen.

Nehmen Sie in diesen Phasen gelegentlichen, wohl dosierten Kontakt zu Ihrem kundenseitigen Ansprechpartner auf, damit er Ihre Aktivität wahrnimmt.

Antworten Sie auch dann prompt auf Anrufe oder E-Mails, wenn Sie nicht sofort Lösungen präsentieren können, sondern die Anliegen selbst noch bearbeiten oder relevante Informationen einholen müssen. Geben Sie in diesen Fällen Rückmeldung, dass Sie die Situation Ihres Kunden verstanden haben und bereits aktiv an der Lösung oder Antwort arbeiten. Ihr Kunde fühlt sich dadurch ernst genommen, er erfährt Ihre Kommunikationsbereitschaft und Ihren Einsatz und wird dies zu schätzen wissen.

E-Tracking-Systeme, die den Kunden automatisch auf dem Laufenden halten, sind übrigens ein Schritt in die richtige Richtung. Sie können aber den persönlichen Kontakt in einer Geschäftsbeziehung mit Champions nicht ersetzen.

Flexibilität

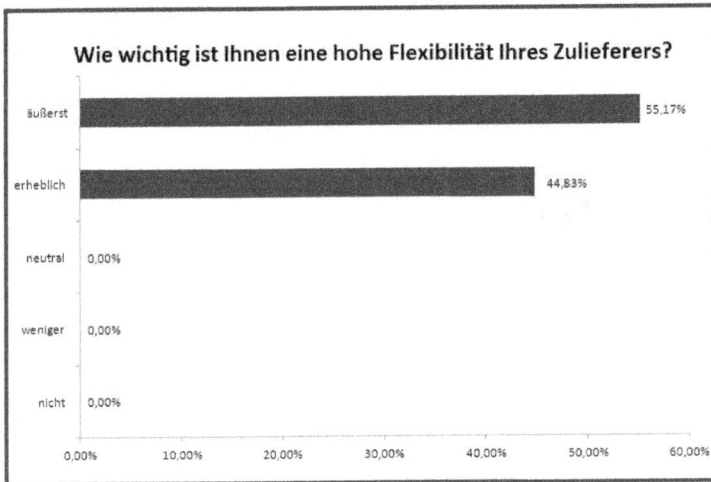

Wie wichtig ist Ihnen eine hohe Flexibilität Ihres Zulieferers?

äußerst	55,17%
erheblich	44,83%
neutral	0,00%
weniger	0,00%
nicht	0,00%

Die Meinung der Einkäufer ist eindeutig: Hohe Flexibilität ist ein Muss für den Vertrieb. Absolute 100 % legen Wert darauf („äußerst wichtig" 55 %, „erheblich wichtig" 45 %). Damit liefert sich die Dimension Flexibilität ein Kopf-an-Kopf-Rennen mit der Schnelligkeit und der Fähigkeit, auf Kundenanliegen gezielt einzugehen.

Insbesondere wenn man die weiteren Antworten aus der Studie hinzunimmt, wird klar, wie Flexibilität zu verstehen ist. Erfolgreiche Vertriebler und auch weitere verantwortliche Akteure des Zulieferers passen sich schnell und problemlos an neue Situationen und Anforderungen an. Sie können mit veränderten Parametern oder auftretenden Problemen souverän und lösungsorientiert umgehen.

Gezieltes Eingehen auf die Anliegen des Kunden

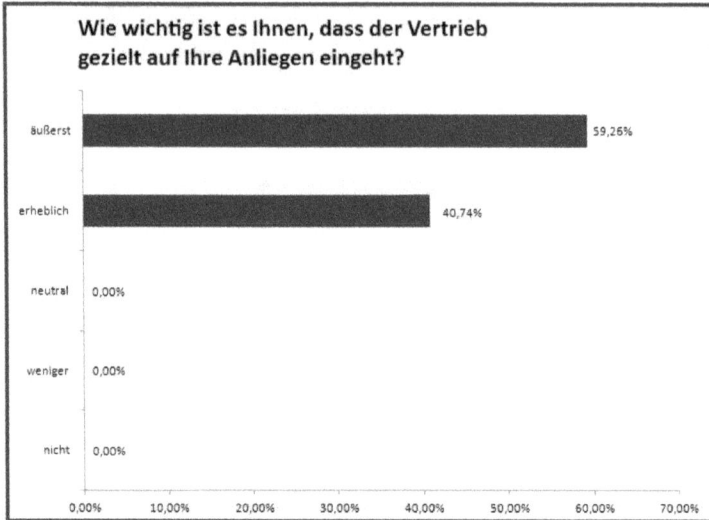

**Wie wichtig ist es Ihnen, dass der Vertrieb
gezielt auf Ihre Anliegen eingeht?**

äußerst	59,26%
erheblich	40,74%
neutral	0,00%
weniger	0,00%
nicht	0,00%

0,00%   10,00%   20,00%   30,00%   40,00%   50,00%   60,00%   70,00%

Dies ist neben der Schnelligkeit und Flexibilität eine Muss-Eigenschaft, sie ist für 59 % der Einkäufer „äußerst" und für 41 % „erheblich" wichtig. Wieder lässt sich aus den weiteren Antworten in dieser Studie rückschließen, dass Champions diese Art der Kundenorientierung weit fassen. Sie betrifft das Produkt ebenso wie den Prozess oder das ganze Geschäftsmodell. Insoweit ist dies eine weitere klare Aufforderung an die Zulieferer, nur fachkompetente und geistig bewegliche Mitarbeiter an die Front zu schicken, die noch dazu eine ausgeprägte Dienstleistungsmentalität mitbringen.

Praxistipp: Kundenvorgaben ernst nehmen

Nehmen Sie Kundenvorgaben ernst. Wenn Ihr Kunde ein unbestrittener Champion ist, geben Sie ihm zu erkennen, dass Sie um seine Positionierung wissen und ihn in der Stärkung seine Position unterstützen möchten. Betrachten Sie ‚dirigistische' Vorgaben nicht als Gängelung oder Machtprobe, sondern als Einladung zu einer optimalen Zusammenarbeit. Champion-Kunden sind oft ‚eckig', jedoch kennen sie ihre Märkte und Kunden ganz genau, sie haben zudem schon viele Fehler eliminiert. Etliche Verhaltensweisen und Vorgaben, die sie nicht nach dem Lehrbuch gestalten, sind bei näherer Betrachtung plausibel, ja sogar ein Wettbewerbsvorteil. Die Marktgewinner unter den Zulieferern erkennen das und handeln danach: Sie passen sich an.

Praxistipp: Optimales Gesamtkonzept bieten

Verhandeln Sie ambitioniert, wenn Ihre Produkte und Leistungen einen entscheidenden Mehrwert bringen – und nur dann. Champions sind dankbare Abnehmer, die zwar auf den günstigen Preis achten, aber noch mehr eine erstklassige Lösung sowie deren schnelle und stabile Verfügbarkeit schätzen. Diese müssen Sie glaubwürdig dar- und belegen können. Für ihre Kernprodukte geben sich Champions in der Regel nicht mit zweitbester Qualität zufrieden.

Aktiv Mitdenken

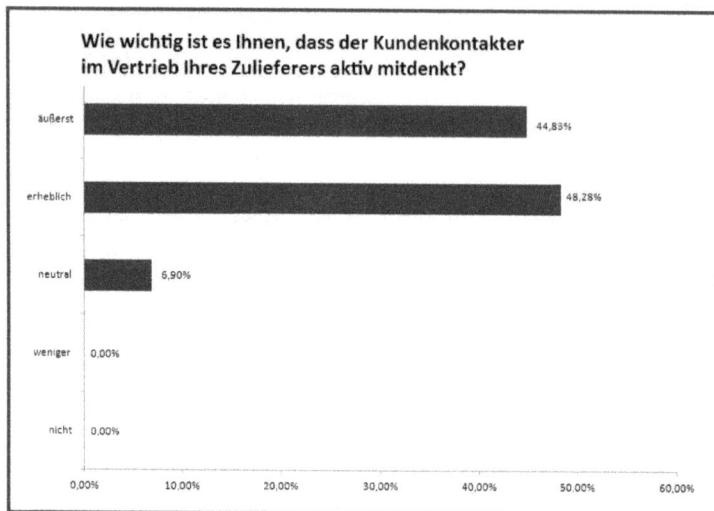

Wie wichtig ist es Ihnen, dass der Kundenkontakter im Vertrieb Ihres Zulieferers aktiv mitdenkt?

äußerst	44,83%
erheblich	48,28%
neutral	6,90%
weniger	0,00%
nicht	0,00%

Nur 7 % unserer Befragten stehen dieser Eigenschaft der Kundenkontakter „neutral" gegenüber. Dementsprechend ist das aktive Mitdenken für 93% der Einkäufer wichtig (45% „äußerst", 48% „erheblich" wichtig).

Champion-Unternehmen sind innovativ, kundennah und produzieren erstklassige Qualität. Außerordentliche Leistungen auf Produkt-, aber auch auf Prozessebene entstehen am schnellsten und verlässlichsten, wenn alle Akteure aktiv mitdenken. Aktives Mitdenken ist die drittwichtigste Dimension nach Schnelligkeit und Flexibilität.

Praxistipp: Kompetenter Gesprächspartner

Maximieren Sie Ihre Fach- und Prozesskompetenz im Rahmen der Kundenbedarfe. Champions schätzen multikompetente Ansprechpartner, weil sie dadurch schnell die richtigen Antworten erhalten und wertvolle Zeit einsparen. Sollte es Ihnen unmöglich sein, ein eventuelles fachliches Defizit aufzuholen, dann bringen Sie einen fachkompetenten Kollegen ins Spiel. Der Auftritt als Duo empfiehlt sich auch bei Akquisegesprächen, in denen die Kundenerwartung noch nicht klar ist.

Zuhören

**Wie wichtig ist es, dass der Vertrieb Ihres Zulieferers
Ihnen wirklich zuhört?**

äußerst	27,59%
erheblich	51,72%
neutral	20,69%
weniger	0,00%
nicht	0,00%

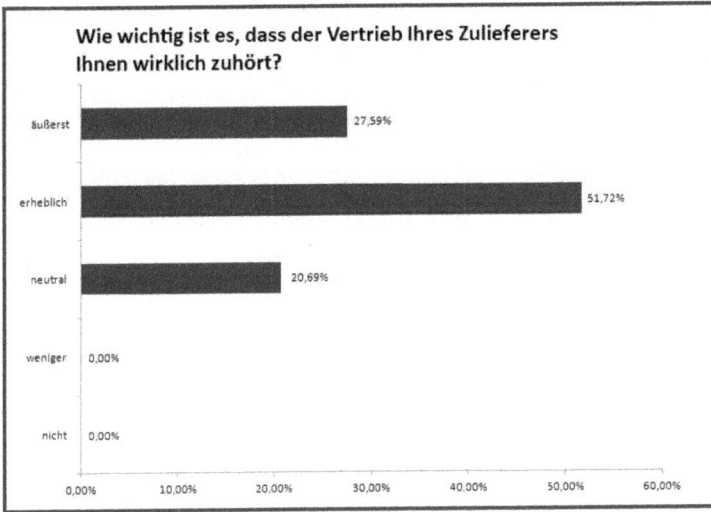

Auch das Zuhören zählt zu den Eigenschaften, auf die Champion-Kunden
ausdrücklichen Wert legen. Für 28 % der befragten Einkäufer ist diese
Eigenschaft „äußerst" wichtig, für weitere 52 % ist sie „erheblich" wichtig, die restlichen 20 % sehen es „neutral", ob der Kundenkontakter gut
zuhört oder nicht.

Diese Dimension ist gesprächsstrategisch eng mit dem aktiven Mitdenken und dem gezielten Eingehen auf Kundenanliegen verbunden. Wer
schlecht zuhört, erfährt weniger über seine Kunden und ist zumeist auch
taub für die oft so wichtigen Zwischentöne. Kundenkontakter, die nicht
richtig zuhören, müssen diese Fertigkeit dringend entwickeln.

Praxistipp: Zuhören (jawohl, der Klassiker)

Hören Sie dem Kunden zu, und zwar effektiv. Durch aufmerksames Zuhören punkten Sie beim Kunden nicht nur auf der Gesprächsebene. Sie erfahren wichtige Informationen und hören Zwischentöne. Wer effektiv zuhört, stellt auch an der richtigen Stelle die richtigen Fragen. Setzen Sie gerade bei neuen Lösungen oder sehr komplexen Abstimmungsprozessen kein Wissen voraus, sondern fragen Sie nach. Fassen Sie den Stand des Gesprächs regelmäßig zusammen, um zu klären, ob alle Beteiligten auf dem gleichen Informations- und Verständnisniveau sind.

Freundlichkeit

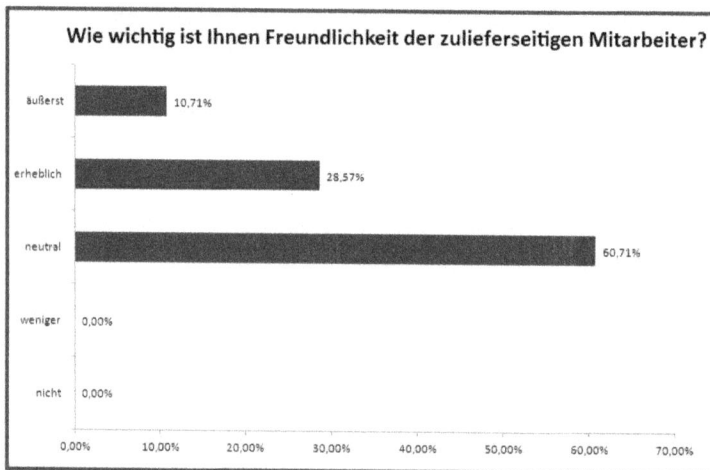

Wie wichtig ist Ihnen Freundlichkeit der zulieferseitigen Mitarbeiter?

Kategorie	Wert
äußerst	10,71%
erheblich	28,57%
neutral	60,71%
weniger	0,00%
nicht	0,00%

Das mag überraschen: Freundlichkeit ist kein herausragend wichtiges Element in der persönlichen Beziehung. So erhielt Freundlichkeit keine Nennung im Bereich „weniger"/„nicht" wichtig und nur recht wenige Einkäufer hoben diese Eigenschaft als „äußerst"(11 %) oder „erheblich"(29 %) wichtig hervor. 61 % der Befragten stehen vorhandener oder eben mangelnder Freundlichkeit „neutral" gegenübet. Dies mag erstaunen, weil eigentlich niemand unfreundlich behandelt werden will und es überbordende Beratungsliteratur zum gewinnenden und freundlichen Auftreten gibt.

Zwei Ursachen, die sich aus Antworten auf andere Fragen ableiten lassen, dürften für dieses Teilergebnis unserer Befragung vorliegen: Erstens wird zumindest ein gewisses Maß an Freundlichkeit und Kommunikationsgewandtheit bei jeglichen Kundenkontaktern schlichtweg vorausgesetzt. Zweitens sind für Champions andere Eigenschaften deutlich wichtiger, nämlich Leistung und Kompetenz in der Sache. Wer vielleicht etwas eckig auftritt, hat also dennoch alle Chancen, wenn er das Gewünschte liefert. Plakativ gesagt: Champions mögen keine Schönredner, sondern Macher.

Praxistipp: Freundlichkeit

Freundlichkeit ist nicht immer entscheidend für den Abschlusserfolg, jedoch sollte man sie auch nicht vernachlässigen. Bei Champion-Kunden sammelt man in der Regel durch Freundlichkeit nicht massenhaft Pluspunkte, aber natürlich empfiehlt sich ebenso wenig ein betont rüpelhaftes Auftreten. Treten Sie also so freundlich wie möglich auf, ohne allerdings zu hoffen, irgendwelche möglichen anderen Nachteile dadurch aufzuwiegen.

Freundlichkeit ist übrigens nicht zu verwechseln mit Weichheit oder gar Nachgiebigkeit. Wir meinen hier die Umgangsformen im Auftreten und in der Kommunikation. Auch bei sehr harten Geschäftsmethoden empfiehlt es sich nicht, aus der Rolle zu fallen oder im persönlichen Auftritt a priori ein ungeschliffenes oder bewusst aggressives Verhalten zu zeigen. Davon abgesehen, kann offenkundig zu Schau gestellte mangelnde Freundlichkeit in bestimmten Kulturen einen schweren Gesichtsverlust bedeuten und Geschäftsverbindungen dauerhaft verhindern.

Tiefe Kenntnis auf Produktebene

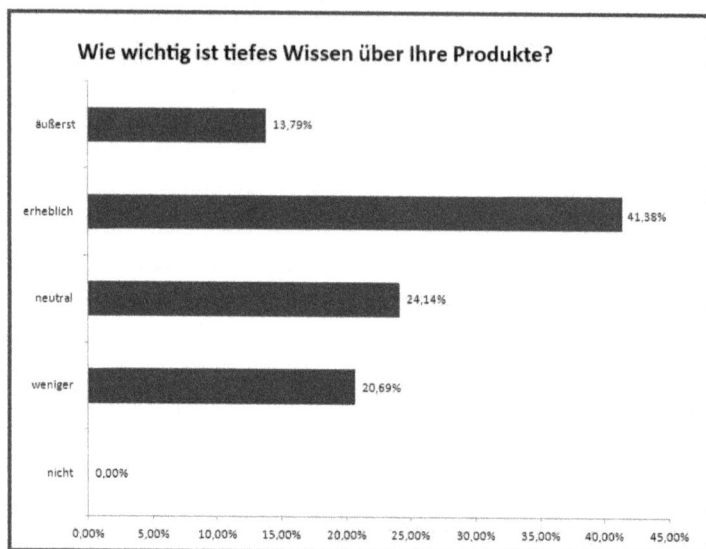

Wie wichtig ist tiefes Wissen über Ihre Produkte?

Kategorie	Wert
äußerst	13,79%
erheblich	41,38%
neutral	24,14%
weniger	20,69%
nicht	0,00%

Tendenziell ist für die Vertriebsmitarbeiter des Zulieferers eine tiefe Kenntnis der Produktpalette des Kunden wichtig, wobei diese Aussage differenziert werden muss.

Für 14 % der Einkäufer ist die tiefe Produktkenntnis „äußerst" und für 41 % „erheblich" wichtig. Dennoch entspricht das Gesamtbild nicht ganz unseren Erwartungen. So ist eine tiefe Kenntnis der Produkte für immerhin 21 % der Befragten „weniger" wichtig. Das erscheint zunächst als Paradoxon, wo doch Champions gerade durch ihre Produkte überzeugen und ihre Zulieferer stark integrieren. Zwei Erklärungen lösen diesen vermeintlichen Widerspruch auf.

Erstens gehören zu unseren Teilnehmern auch technische Einkäufer, deren Profil eher dem eines Fertigungs- oder sogar Fabrikplaners entspricht als dem des klassischen A-Teile-Einkäufers. Für einen Teil dieser Gruppe ist die Produktkenntnis des Zulieferers nicht wichtig, offenbar weil die von ihnen beschafften und betreuten Güter nicht unmittelbar zum Mehrwert des Kernprodukts beitragen. Wer etwa eine Verpackungsmaschine liefert, braucht nicht zwingend detaillierte Kenntnisse der genauen Rezeptur und Vermarktung eines Lebensmittels.

Zweitens gelten gerade Hidden Champions oft als sehr misstrauisch gegenüber Lieferanten. Sie geben ihnen nur so viele Informationen, wie unbedingt nötig, sofern sie überhaupt im großen Stil externe Leistungen für ihre Kernprodukte und Kernfähigkeiten beziehen. Vier Unternehmen der 21 %-Gruppe, so unser Eindruck, passen in dieses Raster. Darunter wiederum kann man drei Unternehmen durchaus als Systemintegratoren bezeichnen, die Komponenten zusammenfügen. Sie haben das Know-how des kompletten Geräts, was der Zulieferer einer Komponente nicht haben muss. Und warum sollte der Champion dann mehr Informationen als unbedingt nötig herausgeben?

Unser Befund korreliert übrigens mit den Ergebnissen der Untersuchungen von Hermann Simon, der zumindest den meisten Hidden Champions eine Wagenburgmentalität (Kapitel über die Partner der Hidden Champions) attestiert. Auch vor diesem Hintergrund erscheinen unsere Erklärungen plausibel.

Praxistipp: Produktkenntnis

Befassen Sie sich profund mit den Produkten Ihres Kunden. Die tiefe Kenntnis der Produkte Ihres Kunden dürfte in den meisten Fällen die Voraussetzung sein, ihm passgenaue Leistungen anbieten zu können und möglicherweise sogar weiter zu entwickeln. Hier kommt es aber auf Ihren Kunden an: Ist er offen und bereit für den Austausch? Es gibt gerade unter den Hidden Champions einige Unternehmen, die ausdrücklich sehr wenig Interesse daran haben, mehr Informationen als unbedingt nötig weiterzugeben, ganz egal an wen. Hier stoßen Sie auf Widerstände, denn diese Kunden möchten gar nicht, dass Sie deren gesamte Produktphilosophie und -palette zu genau kennen. Halten Sie sich in diesen Fällen zurück, akzeptieren Sie diese Art der Geheimniskrämerei. Sie werden mit einer dauerhaften Geschäftsbeziehung belohnt werden.

Tiefe Kenntnis auf Prozessebene

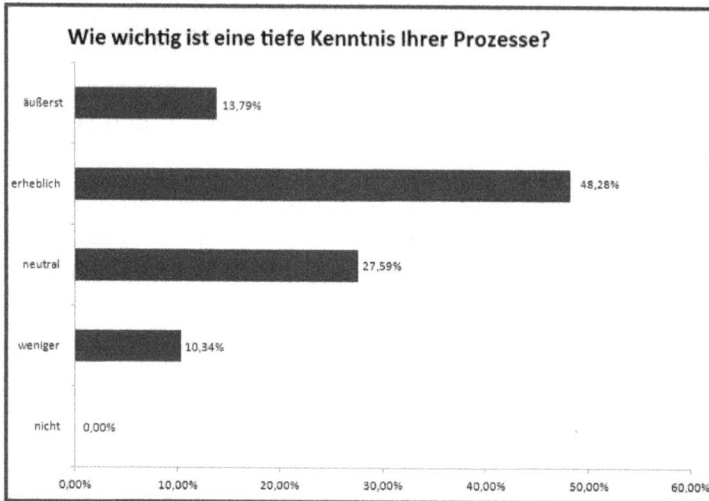

Wie wichtig ist eine tiefe Kenntnis Ihrer Prozesse?

äußerst	13,79%
erheblich	48,28%
neutral	27,59%
weniger	10,34%
nicht	0,00%

0,00%   10,00%   20,00%   30,00%   40,00%   50,00%   60,00%

Völlig unwichtig ist die Kenntnis der beschaffungsrelevanten Unternehmensprozesse nicht, jenseits der Kellerposition ergibt sich ein gemischtes Bild. Von „äußerst" großer Wichtigkeit berichten 14 % der Einkäufer während mit 48 % immerhin knapp die Hälfte aller Befragten es für „erheblich" wichtig hält, dass ihre Kunden zumindest gut kennen. „Neutral" antworteten 28 %, 10 % legen weniger Wert auf diese Dimension.

Insoweit hängt der Grad der Prozesskenntnisse stärker vom Einzelfall ab, als die meisten anderen Dimensionen. Gleichwohl ist die Botschaft an die Vertriebsmitarbeiter der Zulieferer klar: Produktkenntnisse reichen in den meisten Fällen nicht aus, hinreichende Prozesskenntnisse müssen hinzukommen. Champions erringen ihre Wettbewerbsvorteile nicht nur über exzellente Produkte, sondern auch über ebenso hoch und fein entwickelte Prozesse. Langfristige Zulieferer müssen sich in das Gefüge integrieren. Auch dieses Ergebnis deckt sich mit den Befunden von Hermann Simon.

Praxistipp: Prozesskenntnis

Betrachten und beachten Sie neben den Produkten auch die Prozesse Ihres Kunden. Fügen Sie sich ein, wo immer möglich. Kommunizieren Sie Verbesserungsbedarf, den Sie aus Ihrer Sicht entdeckt haben, vorsichtig. Fragen Sie nach, warum der Kunde bestimmte Abläufe in genau seiner Weise gestaltet. Manchmal entpuppt sich ein vermeintlicher Umweg oder scheinbare Verschwendung als Erfolgskriterium. Doch wenn Sie dem Kunden einen tatsächlichen Mehrwert bieten, wird auch der fokussierteste Champion dankbar sein und Ihre Vorschläge aufnehmen. Entwickeln Sie optimierte Prozesse gemeinsam, das schweißt weiter zusammen.

Initiativ Angebote unterbreiten

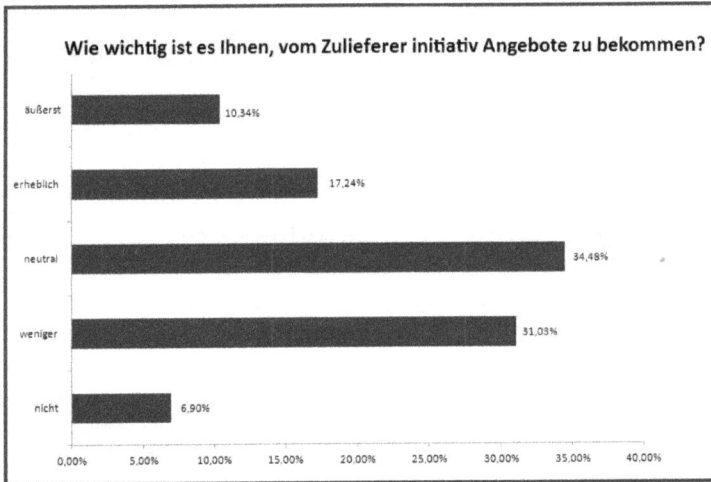

Wie wichtig ist es Ihnen, vom Zulieferer initiativ Angebote zu bekommen?

äußerst	10,34%
erheblich	17,24%
neutral	34,48%
weniger	31,03%
nicht	6,90%

Initiative auf diesem Gebiet wird von Champions weniger geschätzt, nur 27 % unserer Befragten empfinden es als „äußerst" oder „erheblich" wichtig, unaufgefordert Angebote ihrer Zulieferer zu bekommen. 35 % sehen es „neutral", während 31 % „weniger" Wert darauf legen und 7 % überhaupt nicht an Initiativangeboten interessiert sind.

Dieser Befund erstaunt: Champions gelten gemeinhin als besonders innovativ und müssten doch eigentlich durchweg offen sein für neue Einflüsse. Besser verstehen lässt sich dieser Punkt nur im gesamten Kontext dieser Studie. Das Verständnis von Innovativität ist bei Champions offenbar nicht selten geprägt von den eigenen Direktiven. Sie fordern von ihren Zulieferern sozusagen Innovation auf Bestellung nach den definierten eigenen Bedarfen – sind aber nur bedingt offen für ungefragt präsentierte neue Ansätze, so eben auch für neue Angebote.

Natürlich möchte niemand Angebote erhalten, die nicht auf die eigenen Bedarfe zugeschnitten sind. Auf diese nicht einzugehen, ist also sinnvoll und akzeptiert. Das dürfte übrigens für Unternehmen jeglicher Größe und Positionierung zutreffen.

Grundsätzlich aber bleibt ein Risiko: Wer neue Angebote nicht prüft, verpasst möglicherweise eine sehr wichtige Gelegenheit zur Anbahnung einer wertschöpfenden Geschäftsbeziehung oder schlimmstenfalls einen Trend. Insofern ist der relative Autismus hier gefährlich und sollte sowohl den Einkäufern der Champions als auch den zuliefererseitigen Kundenkontaktern zu denken geben. Die Erstgenannten werden sich stärker öffnen, die Anderen kreativer bei der Auswahl ihrer Ansprechpartner werden müssen.

Praxistipp: Angebotsfilter gemeinsam entwickeln

Bringen Sie Angebote grundsätzlich nach Bedarfslage ein. Gerade Champions sind nicht offen für jedes Angebot. Entwickeln Sie, wenn nötig, gemeinsam mit Ihrem Kunden einen Filter für passende und unpassende Angebote. Das funktioniert übrigens auch ohne Big Data-Analyse, suchen Sie den persönlichen Kontakt.

Selbst viel reden, ungefragt informieren

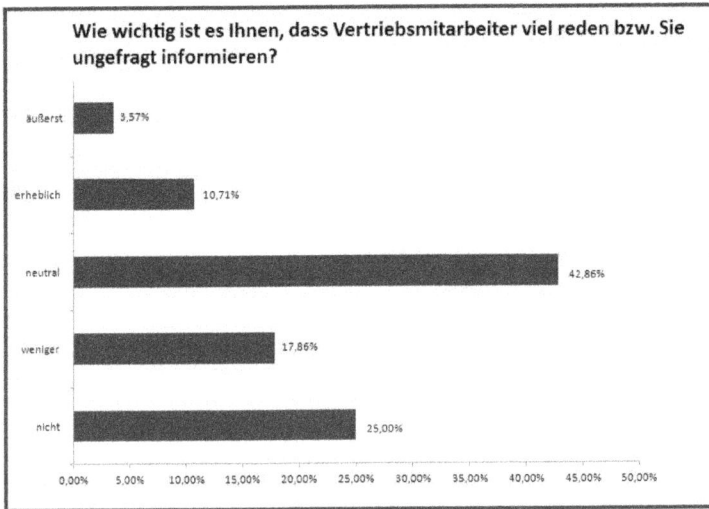

Wie wichtig ist es Ihnen, dass Vertriebsmitarbeiter viel reden bzw. Sie ungefragt informieren?

äußerst	3,57%
erheblich	10,71%
neutral	42,86%
weniger	17,86%
nicht	25,00%

Der viel und vor allem unaufgefordert kommunizierende Kundenkontakter und Vertriebsmitarbeiter ist offenbar geradezu die Schreckensvision vieler Champion-Einkäufer. 25 % finden es „nicht" wichtig und weitere 18 % „weniger" wichtig, wenn sie ungefragt informiert werden und einem vielleicht eher redseligen Gesprächspartner gegenübersitzen. Und immer noch 43 % der Champion-Einkäufer sind hier indifferent. Nur 14 % der Einkäufer sind überhaupt dafür offen, dass der Zulieferer sie initiativ mit nicht angefragten Informationen versorgt.

Wieder zeigt sich die Tendenz zur Wagenburgmentalität der Champions, möglicherweise auch der Hang zur Effizienzmaximierung. Einkäufern fehlt unter Umständen schlicht die Zeit, sich genauer mit ungefragt an sie heran getragenen Informationen zu befassen und diese dann noch qualitativ zu beurteilen. Auch möchte niemand mit dem Redeschwall eines selbstbezogenen, womöglich auch noch unbedarften Gesprächspartners konfrontiert werden. Es darf allerdings bezweifelt werden, dass diese Spezies von Vertriebsmitarbeiter im Investitionsgütermarketing sehr weit verbreitet ist.

Daher kann die abweisende Grundhaltung der Champion-Einkäufer langfristig doch gefährlich werden. Die Gründe sind dieselben wie im Punkt zuvor: Wer Informationsinhalte und Informationsverhalten des Zulieferers streng dirigiert, mag hoch effizient im Sinne des Beschaffungsprozesses sein, ist aber auch eindimensional in seiner beschaffungsstrategischen Ausrichtung. Innovativität und Impulse fördert man so nicht.

Umso bedenklicher, dass manche Unternehmen ihre bestehenden, wie neue potenzielle Zulieferer, direkt an den Einkauf verweisen. Andere Kontakte ins Unternehmen muss sich der Anbieter so erst erarbeiten, ja geradezu erschleichen.

Praxistipp: Ideen strategisch kommunizieren

Bringen Sie neue Ideen, auch und gerade auf Produktebene, behutsam ein. Bereiten Sie Ihren Kunden auf eine Innovation vor, beraumen Sie einen Extratermin an. Überlegen Sie vorher, welcher Mitarbeiter Ihres Kunden aus Ihrer Innovation Vorteile zieht und wer möglicherweise Nachteile hinnehmen muss. Finden Sie Förderer und Promotoren Ihrer Sache. Erklären Sie den Mehrwert Ihrer Lösung präzise und verständlich, spannen Sie nach Möglichkeit schon einen konkreten ‚Business Case' mit den Gewinnmöglichkeiten auf.

Erklärungsansätze für Widersprüchlichkeiten

Bei genauer Betrachtung lassen sich zumindest Ansätze für Erklärungen finden, warum manche Ergebnisse so widersprüchlich scheinen.

Unternehmen, die im Markt als besonders innovativ gelten, passen durchaus in das Raster unserer Erwartungen. So steht etwa ein weltweiter Champion der Automationstechnik, der regelmäßig Neuheiten präsentiert, für die er zwar noch keine Abnehmer hat, durch die er aber umso mehr sein außergewöhnliches Können und Vorausdenken dokumentiert, ungefragt erhaltenen Informationen immerhin neutral gegenüber. Zudem sind initiativ erstellte Angebote für ihn erheblich wichtig. Auch angesichts der Größe dieses Champions (Klasse 15.000 bis 20.000 MA) und der damit verbundenen, anzunehmenden eigenen Komplexität, ist das positiv zu werten. Dieser Champion vertraut auch auf Impulse und potenziell schnelle Lösungen von außen.

Ähnlich klar sieht es bei einem typisch mittelständischen Elektronik-Champion aus. Dessen Einkaufsleiter möchte zwar nicht ungefragt informiert werden, für ihn sind aber initiativ platzierte Angebote sehr wichtig.

Für einen Anlagenbauer, der sich den Weltmarkt mit zwei Wettbewerbern teilt, sind hingegen initiativ vorgebrachte Angebote weniger wichtig, man schätzt aber die unaufgeforderte Informierung durch Zulieferer. Das könnte daran liegen, dass mancher Zulieferer auch den Wettbewerb beliefern und dadurch ein außerordentlicher Wissensträger dieses Marktsegments sein dürfte. Ein weiterer Grund könnte darin liegen, dass man durch neue Lösungen oder Ideen, die ein exklusiver Zulieferer vorstellt, einen entscheidenden Wettbewerbsvorteil erlangt.

Allerdings heben diese Einzelbeispiele den Trend nicht auf. Die Beschaffungsorganisationen der Champions sind wenig offen für ungefragt präsentierte Innovationen.

Mitarbeiterqualifikation und -verhalten ist eine strategische Dimension

Die Ergebnisse dieses Kapitels zeigen, dass über den Vertrieb hinaus in praktisch allen kundenbezogenen Prozessen, bis hinein in die Beschaffung, das Verhalten und die Qualifikation der Führungskräfte und Mitarbeiter eine strategische Erfolgskomponente darstellen. Champion-Kunden haben vielfältige Ansprüche an die Kenntnisse, Fähigkeiten und Verhaltensweisen der Schlüsselakteure ihrer Zulieferer.

Mit einfachen Vertriebsschulungen wird man nicht weit kommen, sie zu vernachlässigen wäre aber auch falsch. Erfolgreiche Zulieferer richten das Verhalten und Denken möglichst vieler Führungskräfte und Mitarbeiter am Kundenbedarf aus. Sie haben ein übergreifendes und umfassendes Kundenverständnis etabliert, das sich durch das gesamte Unternehmen zieht. Das jedenfalls legen die Antworten der Einkäufer nahe, die mit ihren Lieferanten zufrieden sind.

Kundenexzellente Unternehmensführung ist daher eine Schlüsselfähigkeit, die sich in einer Vielzahl entsprechender Managementroutinen und einem Vorleben von festgelegten Werten durch die Führungskräfte zeigt und schließlich, bei Erreichen eines hohen Reifegrades, die Unternehmenskultur konstituiert.

Auswirkungen der Digitalisierung auf den Vertrieb

Die Rolle des modernen Vertrieblers und Kundenkontakters hat sich gerade bei technisch geprägten Unternehmen zum Berater hin gewandelt. Die Kundenkontakter der Marktgewinner sind in der Regel Mit- und Vorausdenker, die den Kunden beraten. Im Idealfall kennen sie die Kundenbedarfe noch vor dem Kunden selbst und weisen diesen in neue Lösungen ein. Allerdings müssen dazu auch genügend Gelegenheiten bestehen!

Während die Begriffe Industrie 4.0 und IoT – wir haben sie bereits beleuchtet – sich vornehmlich auf Produktion und Produkte beziehen, hat das Oberthema Digitalisierung die Auswirkungen digitaler und intelligenter Lösungen auf den Vertrieb, ja auf das gesamte Kundenmanagement in den Fokus gerückt. Zwar hat unsere Studie eindeutig gezeigt, dass persönliche Kontakte eine wichtige Rolle in der Kundenbeziehung spielen. Klassische Vertriebsmitarbeiter oder Ingenieure, die im Verkauf arbeiten, sind und werden also nicht überflüssig.

Doch das bedeutet noch lange nicht den Fortbestand des Status-quo. Unternehmen werden die Möglichkeiten der Digitalisierung eher früher als später bis zum Maximum ausreizen, wie noch jeden Trend in der Industrialisierung. Die jüngsten Entwicklungen mit vielen Startup-Gründungen in diesem Umfeld und entsprechender Themensetzung auf Leitmessen (Cebit, Hannover Messer, etc.) zeigen dies deutlich.

An erster Stelle stehen immer die Kostenminimierung und Effizienzmaximierung. Hier bietet die Digitalisierung von Kundenbeziehungen fraglos viele Vorteile. Ein gravierender Nachteil ist allerdings die Fixierung auf Serienprozesse. Es ist vergleichsweise einfach, Nachbestellungen oder leichte Modifikationen innerhalb einer laufenden Serie digital abzuwickeln.

Ganz anders liegt die Sache bei Modellwechseln oder gemeinhin der Vermarktung jeglicher Innovationen, die nicht auf kleinteiliger, kontinuierlicher Verbesserung beruhen. Groß ist die Versuchung, aus angenommenen Kosteneinsparungen auch diese Vorgänge zu digitalisieren. Die weiter zunehmende Macht der Einkaufsabteilung passt hier ins Bild. An sich schon kritisch zu sehen – weil der Einkäufer sich qua Selbstverständnis eher nicht für Technikfunktionalität und Innovativität interessiert, sondern für Kostenersparnis – drängt sich die Digitalisierung zur noch stärkeren Einflussnahme bei geringeren Kosten geradezu auf. Schließlich verfügen die meisten Einkaufsabteilungen gut aufgestellter Unternehmen bereits über entsprechende Software zur digitalen Beschaffung. Da ist es bis zur kompletten Vernetzung mit Zulieferern oder Handelsplattformen kein unüberwindlicher Schritt mehr. Die Auswahl der Angebote übernehmen dann smarte Algorithmen.

Dies wird das Innovationsmarketing und in letzter Konsequenz das ganze Kontaktmanagement des zuliefererseitigen Vertriebs zum Kunden erschweren. Es ist derzeit nicht absehbar, welche künstliche Intelligenz hier die persönlichen Beziehungen ersetzen kann und unter welchen Voraussetzungen dieser Ersatz einen Wert schaffen würde.

Wer Marktgewinner werden oder bleiben möchte, muss sich also noch immer selbst auf den Weg machen, eventuell ganz neue Wege finden, um weiterhin den persönlichen Kontakt zu Anwendern und Entscheidern des Kunden aufrecht zu erhalten.

Folgende Trends wird die Digitalisierung des Vertriebs und der angelagerten Kundenbeziehungen hervorrufen:

- Beschaffungsaktivitäten in der laufenden Serie werden weiter digitalisiert
- Beschaffungsaktivitäten anlässlich eines Modellwechsels werden mindestens teildigitalisiert
- Die Einkäufer gewinnen weiter an Macht – zum Nachteil des Innovationsmarketings
- Vertriebsspezialisten erhalten seltener die Chance zum persönlichen Kundenkontakt
- Kunden werden ihr Know-how weiter steigern und noch ,dirigistischer' auftreten
- Kunden werden entsprechend noch kompetentere Ansprechpartner fordern.

Die Akteure der Marktgewinner verbinden traditionelle und digitale Ansätze und Prozesse systematisch – und bewegen sich in beiden Dimensionen souverän.

Insoweit wird die Digitalisierung den Vertrieb weiter verändern. Traditionelle und digitale Prozesse werden eng miteinander verquickt werden. Alle Mitarbeiter mit Kundenkontakt werden sich darauf einstellen und entsprechend qualifiziert sein müssen.

Beste Chancen auf weiterhin individuelle Kundenbeziehungen und eine optimale Vermarktung von Innovationen werden *Lösungs- und Systempartner* haben. Je stärker die Lösungen des Zulieferers in die Produkte oder Kernkompetenz des Kunden integriert sind, je unverzichtbarer der Zulieferer damit ist, desto enger wird sein persönlicher Kontakt bleiben und desto besser seine Möglichkeiten, die eigenen Vorstellungen umzusetzen.

Marktgewinner: Zehn goldene Regeln

1. Zuverlässigkeit und Tempo:

Seien Sie schnell, und zwar sowohl in Ihren persönlichen Reaktionen, als auch in allen Unternehmensprozessen, die den Kunden betreffen (Produktion, Lieferung, Service); Zeigen Sie Beständigkeit und halten Sie Ihre Versprechen.

2. Produktqualität und -funktionalität:

Garantieren Sie eine außerordentliche Produktqualität und -funktionalität, und zwar am besten eine einzigartige! Denken Sie auch an Kunden und Märkte, in denen Funktionalität nicht am Mehr, sondern am Weniger gemessen wird (‚Good Enough-Produkte‘).

3. Preisexzellenz:

Sorgen Sie für Preisexzellenz, gewähren Sie also das beste Preis-Leistungs-Verhältnis, das im gesamten Markt erhältlich ist Lassen Sie sich aber niemals auf Preisnachlässe oder Preiskämpfe als Teil Ihrer Geschäftsstrategie ein.

4. Prozess- und Interaktionsqualität:

Garantieren Sie eine langfristige, effektive und effiziente Interaktion auf allen traditionellen und digitalen Kommunikationskanälen; Verzahnen Sie Ihre Prozesse eng mit denen des Kunden und sorgen Sie für Prozessstabilität. Champions erwarten Hochqualität auch auf Prozess- und Personenebene.

5. Lösungs- und Systempartnerschaft:

Positionieren Sie sich als Lösungspartner des Kunden, begleiten Sie ihn flexibel und präzise gemäß seiner Bedarfe. Konzentrieren Sie sich nicht nur auf seine Produkte, sondern auch auf seine strategischen Ziele und sogar die seiner Kunden; Akzeptieren Sie, dass Champion-Kunden möglicherweise tief in Ihre Prozess und Strukturen eingreifen

- beide Seiten werden davon profitieren und am Ende globales Exzellenz-Niveau erreichen.

6. Multidimensionale Kundenorientierung:

Richten Sie möglichst das ganze Unternehmen kundenseitig aus; Der Vertrieb ist dabei die Spitze eines abteilungsübergreifenden Teams von Kundendienstlern; Diese konsequente Kundenorientierung verkürzt Reaktions- und Lieferzeiten, sensibilisiert die Sinne für die Bedarfe des Kunden und steigert die eigene Innovationskraft.

7. Erreichbare und fähige Ansprechpartner:

Gewähren Sie, dass Ihr Kunde permanenten Zugang zu fach-, management- und auch kommunikationskompetenten Ansprechpartnern hat; Vermeiden Sie unter allen Umständen die institutionalisierte mehrfache Weiterleitung des Kunden an den dann hoffentlich richtigen Ansprechpartner, den er aber nicht direkt erreichen darf.

8. Multidimensionale Personalqualifizierung:

Qualifizieren Sie Ihre Mitarbeiter systematisch, regelmäßig und multidimensional – im Fachgebiet, in den relevanten Managementtechniken und in den digitalen Prozessen; Ermächtigen Sie sie dann zum Handeln; Betrachten Sie die Mitarbeiterqualifizierung als kontinuierliche Aufgabe.

9. Smartes Innovationsmarketing:

Planen Sie die Vorstellung bahnbrechender Innovationen strategisch; Erwarten Sie keine spontane Zustimmung, sondern stellen Sie sich auf einen Überzeugungsmarathon ein; Suchen Sie sich Verbündete *im persönlichen Kontakt*, die einen großen Vorteil Ihrer Lösung haben, im offiziellen oder inoffiziellen Buying Center; Entwerfen Sie einen plausiblen Business Case, präsentieren Sie Ihre Lösung einleuchtend, aber auch emotionalisierend; Lassen Sie den Einkäufer gut aussehen, verdeutlichen Sie ihm den Wertbeitrag zum Erfolg seines Arbeitgebers, den er mit dem Einkauf ihrer Lösung liefert.

10. Abgleich mit der Kundenpositionierung:

Setzen Sie regelmäßig die strategische Situation Ihres Kunden in Relation zu Ihren Leistungen; Analysieren Sie seinen Markt und Wettbewerb; Seien Sie wachsam, besonders Champions suchen beständig neue Zulieferer; Prüfen Sie, wie und wo Sie einzigartigen Mehrwert bieten, ob Ihre Produkte noch relevant sind und wo Sie besser werden müssen. Bewerten Sie auch, ob Ihr Kunde auf die richtigen Trends und Technologien setzt, oder ob Sie ihn beeinflussen müssen, denken Sie aktiv mit.

Anhang 1 - Studienteilnehmer

Unternehmensliste und Funktionsträger

Anmerkung: Die Standardgruppe der Besitzverhältnisse umfasst den Privatbesitz, Stiftungen oder eigentümergeführte Unternehmen

Maschinenbau

Unternehmen 1:

Kernkompetenz:	Maschinen zur Metall- und Roheisenbearbeitung, Schmiedetechnik (Endprodukthersteller)
Status:	Weltmarktführer (High Quality Heavy Duty-Segment)
Größenklasse:	100 bis 500 MA
Eigentümer:	Standardgruppe
Studienteilnehmer:	Leiter Einkauf

Unternehmen 2:

Kernkompetenz:	Maschinen zur Herstellung von Kernbaugruppen für Elektromotoren (Endprodukthersteller)
Status:	Weltmarktführer Marktbesitzer Maschinen mit integrierten Arbeitssicherheits-Vorrichtungen
Größenklasse:	100 bis 500 MA
Eigentümer:	Standardgruppe
Studienteilnehmer:	Technischer Leiter

Unternehmen 3:

Kernkompetenz:	Geräte und Technologien zur Gasversorgung (Endproduhersteller)
Status:	Weltmarktführer
Größenklasse:	5.000 bis 10.000 MA
Eigentümer:	Private Equity
Studienteilnehmer:	Leiter Einkauf

Unternehmen 4:

Kernkompetenz:	Automationstechnik, Antriebstechnik, Pneumatik
Status:	Weltmarktführer
Größenklasse:	15.000 bis 20.000 MA
Eigentümer:	Standardgruppe
Studienteilnehmer:	Leiter Einkauf

Unternehmen 5:

Kernkompetenz:	Sicherheitstechnik, Sicherheitsarmaturen für Heavy Duty-Einsatz
Status:	Co-Weltmarktführer
Größenklasse:	100 bis 500 MA
Eigentümer:	Eigenständiges Unternehmen in börsennotiertem Konzern (> 6.000 MA)
Studienteilnehmer:	Teamleiter Einkauf

Unternehmen 6:

Kernkompetenz:	Maschinen zur geo-räumlichen Datenerfassung (Endprodukthersteller)
Status:	Weltmarktführer Marktbesitzer multimodal konfigurierte Geräte
Größenklasse:	20 bis 100 MA
Eigentümer:	Standardgruppe
Studienteilnehmer:	Technischer Leiter

Unternehmen 7:

Kernkompetenz:	Maschinen im Halbleiterumfeld, Dienstleistungen (Endprodukthersteller)
Status:	Weltmarktführer
Größenklasse:	1.000 bis 5.000 MA
Eigentümer:	Standardgruppe/Börsennotiert
Studienteilnehmer:	Bereichsleiter Einkauf

Unternehmen 8:

Kernkompetenz:	Maschinen für Dosiertechnik (Endprodukthersteller)
Status:	Weltmarktführer
Größenklasse:	100 bis 500 MA
Eigentümer:	Eigenständiges Unternehmen in börsennotiertem Konzern (> 14.000 MA)
Studienteilnehmer:	Leiter Einkauf

Unternehmen 9:

Kernkompetenz:	Automatisierte Prüfsysteme, Detektionstechnik (Endprodukthersteller)
Status:	Weltmarktführer
Größenklasse:	1.000 bis 5.000 MA
Eigentümer:	Standardgruppe
Studienteilnehmer:	Bereichsleiter Technik

Unternehmen 10:

Kernkompetenz:	Mobile Energie- und Datenübertragung
Status:	Co-Weltmarktführer
Größenklasse:	500 bis 1.000 MA
Eigentümer:	Standardgruppe
Studienteilnehmer:	Leiter Einkauf

Unternehmen 11:

Kernkompetenz:	Metallurgie, Anlagenbau, Komplettlösungen zur Metallerzeugung/-bearbeitung (Endprodukthersteller)
Status:	Co-Weltmarktführer
Größenklasse:	5.000 bis 10.000 MA
Eigentümer:	Standardgruppe
Studienteilnehmer:	Senior Buyer

Unternehmen 12:

Kernkompetenz:	Optik, Optoelektronik (Endprodukthersteller)
Status:	Weltmarktführer
Größenklasse:	20.000 bis 25.000 MA
Eigentümer:	Standardgruppe
Studienteilnehmer:	Senior Buyer

Automotive

Unternehmen 1:

Kernkompetenz:	Kunststofftechnik
Status:	Co-Weltmarktführer
Größenklasse:	5.000 bis 10.000 MA
Eigentümer:	Eigenständiges Unternehmen in börsennotiertem Konzern (> 32.000 MA)
Studienteilnehmer:	Program Director

Unternehmen 2:

Kernkompetenz:	Kabelsysteme, Elektronik
Status:	Weltmarktführer
Größenklasse:	>50.000 MA
Eigentümer:	Börsennotiert
Studienteilnehmer:	Senior Vice President Strategic Purchasing & Logistics

Unternehmen 3:

Kernkompetenz:	Filtersysteme
Status:	Weltmarktführer
Größenklasse:	15.000 bis 20.000 MA
Eigentümer:	Standardgruppe
Studienteilnehmer:	Bereichsleiter Einkauf

Unternehmen 4:

Kernkompetenz:	Innenraumausstattung
Status:	Co-Weltmarktführer
Größenklasse:	1.000 bis 5.000 MA
Eigentümer:	Private Equity
Studienteilnehmer:	Leiter Central Purchasing

Unternehmen 5:

Kernkompetenz:	Klimatechnik
Status:	Co-Europamarktführer
Größenklasse:	500 bis 1.000 MA
Eigentümer:	Eigenständiges Unternehmen, Tochter zweier Konzerne (Joint Venture)
Studienteilnehmer:	Leiter Central Purchasing

Unternehmen 6:

Kernkompetenz:	Elektronik, Sensortechnik
Status:	Co-Weltmarktführer
Größenklasse:	1.000 bis 5.000 MA
Eigentümer:	Standardgruppe
Studienteilnehmer:	Bereichsleiter Einkauf

Unternehmen 7:

Kernkompetenz:	Mechatronik, Electronic Systems
Status:	Co-Weltmarktführer
Größenklasse:	500 bis 1.000 MA
Eigentümer:	Eigenständige Einheit innerhalb eines Konzerns in Stiftungsbesitz
Studienteilnehmer:	Head of Business Division

Sonstige Investitionsgüter/Serienteile

Unternehmen 1:

Kernkompetenz:	Systeme für Transportsicherheit (Endprodukthersteller)
Status:	Europamarktführer, weltweite Präsenz
Größenklasse:	500 bis 1.000 MA
Eigentümer:	Standardgruppe
Studienteilnehmer:	Leiter Einkauf

Unternehmen 2:

Kernkompetenz:	Hochspezialisierte Metallprodukte (Endprodukthersteller)
Status:	Weltmarktführer
Größenklasse:	100 bis 500 MA
Eigentümer:	Eigenständige Tochter eines internationalen Konzerns im Privatbesitz (>11.000 MA)
Studienteilnehmer:	Leiter Einkauf

Unternehmen 3:

Kernkompetenz:	Hochspezialisierte Stahlprodukte; Handel, Anarbeitung, Produktion
Status:	Co-Europamarktführer, weltweite Auslieferung
Größenklasse:	1.000 bis 5.000 MA
Eigentümer:	Standardgruppe
Studienteilnehmer:	Bereichsleitung

Unternehmen 4:

Kernkompetenz:	Hochspezialisierte Präzisionsstahlprodukte
Status:	Co-Weltmarktführer
Größenklasse:	500 bis 1.000 MA
Eigentümer:	Standardgruppe
Studienteilnehmer:	Geschäftsführung

Unternehmen 5:

Kernkompetenz:	Hochspezialisierte Edelstahlhalbzeuge
Status:	Weltmarktführer
Größenklasse:	10.000 bis 15.000 MA
Eigentümer:	Börsennotiert/Standardgruppe
Studienteilnehmer:	Geschäftsführung

Unternehmen 6:

Kernkompetenz:	Beschläge
Status:	Europamarktführer, weltweite Auslieferung
Größenklasse:	1.000 bis 5.000 MA
Eigentümer:	Standardgruppe
Studienteilnehmer:	Leiter Strategischer Einkauf

Lebensmittel/FMCG/Pharma

Unternehmen 1:

Kernkompetenz:	Grundstoffe und natürliche Zusätze für Lebensmittel
Status:	Weltmarktführer
Größenklasse:	1.000 bis 5.000 MA
Eigentümer:	Standardgruppe
Studienteilnehmer:	Leiter Technischer Einkauf

Unternehmen 2:

Kernkompetenz:	Verpackung und Konfektionierung von Molkerei-produkten
Status:	Co-Europamarktführer
Größenklasse:	100 bis 500 MA
Eigentümer:	Standardgruppe
Studienteilnehmer:	Leiter Produktion & Technik

Unternehmen 3:

Kernkompetenz:	Herstellung pharmazeutischer Produkte mit hochspezifischer Galenik (Endprodukthersteller)
Status:	Weltmarktführer
Größenklasse:	1.000 bis 5.000 MA
Eigentümer:	Investoren/Standardgruppe
Studienteilnehmer:	Vorstand

Unternehmen 4:

Kernkompetenz:	Herstellung u.a. von Getränken und Zubereitungsmaschinen mit Systemangebot im B2B-Bereich (Endprodukthersteller)
Status:	Co-Weltmarktführer
Eigentümer:	Standardgruppe
Größenklasse:	1.000 bis 5.000 MA
Studienteilnehmer:	Leiter Einkauf

Anhang 2 – Literaturverzeichnis

Backhaus, Klaus/Voeth, Markus: Industriegütermarketing: Grundlagen des Business-to-Business-Marketings. 2014. Verlag Vahlen. ISBN: 978-380064763

Collins, Jim/Porras Jerry I.: Built to Last: Successful Habits of Visionary Companies. 2004. HarperBusiness. ISBN: 978-0060516406

Eisenhut, Martin/Lässig, Ralph: Erfolgreich wie die Champions. Lernen vom deutschen Maschinenbau: Erfolgsmuster führen an die Weltspitze. 2013. re:think CEO, Band 5. Roland Berger. ISBN-13: 978-3943442021

Heller, Gernot: Warum der "German Mittelstand" nicht kopierbar ist. 18.07.2013. Die Welt

Kerkhoff, Gerd: Milliardengrab Einkauf: Einkauf - die Top-Verantwortung des Unternehmers nicht nur in schwierigen Zeiten. 2008. Wiley-VCH. ISBN: 978-3527506231

Knapp, Oliver (et al.): CPO Agenda 2016 – Focus topics for the Chief Procurement Officer. 05/2016. Roland Berger

Machatschke, Michael/Schwarzer Ursula: Deutsche Weltmarktführer. Endlich Weltmeister. 22.11.2010. http://www.manager-magazin.de/magazin/artikel/a-719295.html

Schreiber, Bernd (et al.): Einkaufsbenchmark – Procurement Value Excellence. 2016. Operations Management Periodical/Arthur D. Little

Simon, Hermann: Die heimlichen Gewinner (Hidden Champions): Die Erfolgsstrategien unbekannter Weltmarktführer. 1996. Campus Verlag. ISBN: 978-3593354606.

Simon, Hermann: Hidden Champions - Aufbruch nach Globalia: Die Erfolgsstrategien unbekannter Weltmarktführer. 2012. Campus Verlag. ISBN: 978-3593397146.

Simon, Hermann: Hidden Champions of the Twenty-First Century. 2009. Springer. ASIN: B00HS84VEI.

Venohr Bernd: Deutsche Weltmarktführer. "Es wird Verschiebungen geben". 22.11.2010.
http://www.manager-magazin.de/magazin/artikel/a-729772.html

Venohr Bernd: Hitliste: Deutschlands 1000 Weltmarktführer. 23.09.2010. http://www.manager-magazin.de/unternehmen/artikel/a-718850.html

Anhang 3 - Die Autoren

Thorsten Knobbe

Thorsten Knobbe ist Geschäftsführer und Managing Partner der TK Management & Leaderspoint GmbH, zu der die Praxisgruppe Acornpark gehört. Er studierte Sprachwissenschaften, Didaktik und Betriebswirtschaftslehre in Deutschland (Universität Siegen) sowie Wirtschaftswissenschaften und Europäische Geschichte in Großbritannien (Aston Business School und Aston University). Nach seinem Zweiten Philologischen Staatsexamen mit Schwerpunkt beruflicher Bildung promovierte er in den Kommunikationswissenschaften (Universität Siegen).

Seine berufliche Laufbahn begann er in Düsseldorf als Personalberater bei den PMM (Peat Marwick Mitchell) Management Consultants, seinerzeit die weltweit agierende mit KPMG assoziierte Personalberatungsgesellschaft.

Er befasst sich bei Acornpark intensiv mit der Frage, welche personalbezogenen, organisatorischen und kulturellen Faktoren den Unternehmenserfolg positiv beeinflussen und wie sich diese praktikabel umsetzen lassen. Kundenexzellenz steht dabei im Fokus. Mit seinem Team hat er bis heute Führungskräfte und Experten aus nahezu allen DAX-Konzernen, aus zahlreichen Fortune 500-Unternehmen und aus vielen mittelständischen Hidden Champions beraten und trainiert. Zu seinen Unternehmensklienten zählen mehrere Champions im In- und Ausland, vorwiegend aus technischen Branchen.

Björn Wechsel

Björn Wechsel ist Content Marketing & Communication Manager bei Hoppecke Batterien GmbH & Co. KG mit Hauptsitz in Brilon. Zuvor war er als Senior Expert sowie Manager für Marketing und Communications der TK Management & Leaderspoint GmbH. Sein Diplom erwarb er im Studiengang Medienwirtschaft und Marketing (Universität Siegen).

Er verfügt über Projekterfahrung unter anderem im Marketing für einen Automotive-Ingenieurdienstleister und ein öffentlich-rechtliches Fernsehprogramm und war Pressesprecher eines Basketball-Bundesligaclubs. Seine berufliche Laufbahn begann er als Redakteur und Moderator im regionalen Hörfunk.